Mein kleines Buch der Gaben des Lichts

Die Geschichten der Propheten
für Kinder
nach den Erzählungen von

Hajjah Amina Adil

Auf Englisch neu erzählt und illustriert von
Karima Sperling
Ins Deutsche übertragen von
Latifa Hafiza Alexandra Krämer

Korrigiert und überarbeitet von Khairiyah Siegel

Naqshbandi-Haqqani Sufi Order of America

ISBN: 978-1-930409-670-5

Original Library of Congress Cataloging-in-Publication Data

Adil, Hajjah Amina.
 My little Lore of light : a child's version of Lore of light / by Hajja Amina Adil ; retold and illustrated By Karima Sperling.
  p. cm.
 ISBN 1-930409-35-4
 1. Prophets, Pre-Islamic--Juvenile literature. 2. Legends, Islamic--Juvenile literature. I. Title: Lore of light. II. Sperling, Karima. III. Title.
 BP137.A35 2005
 297.2'46--dc22
    2005009437

Veröffentlicht und vertrieben von:
Naqshbandi-Haqqani Sufi Order of America
17195 Silver Parkway, #201
Fenton, MI 48430 USA
Tel: (888) 278-6624
Fax: (810) 815-0518
Email: staff@naqshbandi.org

Original Library of Congress Control Number:
ISBN: 1-930409-35-4

Im Internet finden Sie unter:
www.naqshbandi.org
weitere Titel in der islamischen Spiritualität und traditionelle Stipendium.

Anmerkungen zu den Illustrationen

Die bildliche Darstellung der Propheten wird von manchen muslimischen Gruppen als problematisch angesehen. Jedoch haben viele große islamische Kulturen ihre Geschichte und die Erzählungen aus dem Leben der Propheten mit Bildern oder Miniaturen illustriert. Die kleine Ausgabe der Gaben des Lichts wurden mit der Absicht verfasst, Kindern die Geschichten und Erlebnisse der Propheten nahe zu bringen. Sie will die jungen Menschen anregen und ihnen helfen, sich an das Beispiel der Propheten zu erinnern und von ihren Charakterzügen und dem tieferen Sinn ihrer Botschaft zu lernen. Um diesem Ziel gerecht zu werden, erachteten wir es als zweckmäßig und notwendig, die Erzählungen mit Bildern zu unterstützen. Der Stil der Illustrationen ist einem frühen klassischen islamischen Textes entlehnt, dem Jami´ al Tavarikh des Rashid al Din. Die Bilder sind bewusst flach und zwei-dimensional gehalten und daher eher symbolischer Ausdruck von Ideen und Themen als realistisches Abbild der Wirklichkeit.

Anmerkungen für die Kinder

Die Bilder in diesem Buch sind sehr einfach gehalten. Du wirst feststellen,dass die Gesichter ohne Gesichtzüge gezeichnet sind. Dafür gibt es einen besonderen Grund. Das Licht des Propheten Muhammad, Friede und Segen seien auf ihm, leuchtete so hell auf den Gesichtern der Propheten Allahs, dass sie von einer ganz anderen Schönheit waren als gewöhnliche Menschen. Wenn diese ihre Propheten anschauten, sahen sie Licht und Liebe und Schönheit. Man kann dieses Licht und diese Liebe in den Gesichtern der Propheten nicht so darstellen, daß ein jeder es auch als das Schönste empfi ndet. Darum haben wir die Gesichter ohne Gesichtszüge nur angedeutet und Ihr könnt sie Euch in Gedanken und mit Eurem Herzen selbst vorstellen. Auf diese Weise können wir den Respekt den edelsten Geschöpfen Allahs gegenüber wahren und das Licht und die Liebe zu Seinen Propheten sorgsam in unserem Herzen bewahren.

Beim Lesen wirst Du auch feststellen, dass, wann immer ein Prophet oder ein Engel das erste Mal beim Namen genannt wird, die Formel „der Friede sei auf ihm" folgt. Auf Arabisch heißt dieser Ausdruck „´alayhi salam" und wird meist sehr kunstvoll gestaltet den Propheten - oder Engelsnamen angefügt. Allah der Erhabene erwähnt im Quran, dass Er Seinen Propheten Frieden wünscht und wir bitten Ihn jedes Mal, wenn wir von den Propheten sprechen, dass Er ihnen diesen Frieden auch weiterhin geben möge. Sprechen wir aber von dem geliebten Propheten Muhammad ﷺ, dann fügen wir eine etwas andere Formel an. Wir sagen: „Friede und Segen seien auf ihm". Dies ist ein besonderer Friedens- und Segensgruß und ist dem letzten aller Propheten vorbehalten. Denn im Quran heißt es, dass Allah Selber und auch Seine Engel Muhammad ﷺ Segen schicken. Auf

Arabisch sagt man „salla Llahu ´alayhi wa sallam" und dies wird meist mit einem noch viel schöneren Symbol ﷺ dargestellt. Den Namen einzelner Gefährten der Propheten und denen von Heiligen nachgestellt fi ndest du den Ausdruck „Allahs Wohlgefallen sei auf ihm oder auf ihr." Auf Arabisch sagt man „radia Llahu ´anhu oder ´anha" und man stellt es mit oder dar.

Allah, der Erhabene, fordert uns im Quran ausdrücklich dazu auf, Seinen besonderen Dienern und Freunden Liebe und Respekt zu zeigen und so ehren wir sie mit diesen Zusätzen, wann immer wir ihren Namen nennen. Es ist gut, sich dies anzugewöhnen.

Anmerkung der Übersetzerin:

In dieser Übersetzung haben wir nun die deutsche Form der Friedens- und Segenswünsche verwendet, damit der Fluss der Erzählungen nicht von Symbolen durchbrochen wird, die du wahrscheinlich eher übergehen würdest, anstatt sie mit Worten zu füllen. Und weil es schwierig ist, dem Inhalt der Erzählungen zu folgen, wenn sich jedes Mal an die namentliche Nennung eines Propheten oder Engels eine Formel anschließt, werden diese Friedens- oder Segenswünsche nur dann ausgeschrieben, wenn ein Prophet, ein Engel, ein Gefährte oder eine Gefährtin der Propheten das erste Mal genannt werden oder wenn ein neuer Abschnitt beginnt.

Die Friedens- oder Segenswünsche tauchen im Fortlauf der Geschichten immer wieder auf, um an die Tradition zu erinnern, sie stets zu gebrauchen. Wir bitten Dich aus Respekt für die Engel, die Propheten und ihre Gefährten, die Friedens - oder Segenswünsche auch an den Stellen in Gedanken hinzuzufügen, an denen wir sie nicht extra hingeschrieben haben.

Vorwort

Wir beginnen im Namen Allahs des Allerbarmers und Allbarmherzigen und beten dafür, dass Er in unserer Bemühung Gutes finden und dass Er sie mit Nützlichkeit durch die Erfüllung Seines Willens segnen möge.

Dieses Buch ist Hajjah Amina Adil gewidmet, deren drei Bände des „Lore of Light"2 und das Werk „Muhammad The Messenger of Islam"3 als Inspiration und Quelle für diese kleine Buch dienten. Bis zu ihrem Tode im Jahre 2004 hielt sie die wertvolle Tradition aufrecht, Frauen und Kinder, die sich um sie sammelten, mit Hilfe von Geschichten aus dem Leben der Propheten zu lehren und (für Glauben und Spiritualität) zu begeistern.

Junge Menschen sollten, sobald sie das entsprechende Verständnis haben, dazu ermutigt werden, die Originalausgaben ihrer Bücher zu lesen. Denn oft fiel die Entscheidung schwer, Teile der Geschichten auszuwählen, die in diese stark verkürzte Ausgabe aufgenommen werden sollten.

Ich bitte um Hajjah Aminas Vergebung und auch um die der Leser, falls dadurch Fehler entstanden sind oder eine unbefriedigende Auswahl getroffen wurde.

Dieses Buch ist auch ihrer Tochter Hajjah Naziha Kabbani gewidmet, deren Idee es war, von den Büchern ihrer Mutter eine Ausgabe für Kinder zu machen. Ich danke ihr von Herzen für ihre Inspiration, ihre Weisheit und ihr wunderbares Beispiel an Güte und Humor unter allen Umständen.

Und natürlich ist dieses Buch so wie unser ganzer Einsatz mit Liebe zu unserem Propheten Muhammad Mustafa, der Friede sei auf ihm, und zu seinen Ehren verfasst worden und sowie zu Ehren seines Stellvertreters, unseres Großmeisters Shaykh Muhammad Nazim Adil al-Haqqani und dessen Repräsentanten Shaykh Muhammad Hisham Kabbani. Das Licht Muhammads, der Friede sei auf ihm, strahlt so hell auf ihren Gesichtern, dass selbst ich ihnen zu folgen vermag. Möge Allah sie alle segnen und mir vergeben.

Vorwort der Übersetzerin

Die Anregung, Karima Sperlings „My little Lore of Light" ins Deutsche zu übertragen, kam von mehreren Seiten zugleich. Und da mir, schon als ich das Buch das erste Mal in Händen hielt, der Gedanke gekommen war, diese Geschichten aus dem Leben der Propheten müsste es auch auf Deutsch geben, fühlte ich mich durch das Angebot geehrt, die Übersetzung selbst übernehmen zu können, und bedanke mich bei all denjenigen, die mich dazu ermutigt und mir beim Zustandekommen geholfen haben.

Als ich mit dieser Arbeit begann, bat ich Allah, den Erhabenen, um Unterstützung, die richtigen Worte auf Deutsch für diese kleine Ausgabe der Gaben des Lichts zu finden und der Aufgabe gerecht zu werden, Kindern und anderen jungen und junggebliebenen Lesern die Liebe und den Respekt zu den Propheten nahe zu bringen. Ich bat Allah außerdem darum, mich des Vertrauens würdig zu erweisen, die Prophetengeschichten nach der Vorlage von Karima Sperling so zu formulieren, dass Inhalt und Geist der ursprünglich von Hajjah Amina Adil berichteten Erzählungen erhalten bleiben. Die Geschichten der Propheten sind ein wichtiger Teil der Menschheitsgeschichte und vermitteln Glaube und Spiritualität. Und wer Hajjah Amina selbst bei ihren Erzählungen lauschen konnte, konnte das tiefe Vertrauen und die unendliche Liebe zu den Propheten und Gesandten Gottes kraft ihres Herzens und ihrer wunderbaren Seele schmecken und die spirituelle Dimension innerer Verbundenheit spüren. Ein Buch kann natürlich nur einen Hauch dessen wiedergeben, was an echter Erfahrung hinter diesen Erzählungen steckt. Aber gerade die Erinnerung an die wunderbare Atmosphäre gelebten Glaubens war der eigentliche Anlass für diese Übersetzung.

Die in diesem Buch verwendeten Quranstellen sind der von Murad Wilfried Hofmann überarbeiteten und herausgegebenen Ausgabe von Max

Henning entlehnt oder aber der mit Erläuterungen nach den Kommentaren von Dschalalain, Tabari und anderen klassischen Koranauslegern versehenen Übertragung des Quran durch Ahmad von Denffer e. Sie wurden für die Kinder an machen Stellen in ihrem Wortlaut vereinfacht. 1

Nach diesen Worten schließe ich mich nun den Widmungen Karima Sperlings an und bitte Allah den Barmherzigen um Vergebung für mögliche Fehler und Unzulänglichkeiten beim Verständnis und bei der Übersetzung. Ich bitte darum, dass Allah Wohlgefallen an dieser Bemühung findet und es für den jungen Leser nützlich sein lässt. Wa min Allah at-taufiq. Und das Gelingen liegt bei Allah.

Inhalt

„Die aber an Allah und seine Gesandten glauben und zwischen keinem von ihnen einen Unterschied machen, denen zahlen Wir gewiss ihren Lohn; und Allah ist verzeihend und barmherzig." (Sure 4 , 152)

Am Anfang der Schöpfung

Noch bevor Allah der Erhabene irgendein Ding erschuf, schuf Er aus Seinem endlosen, göttlichen Lichte als Erstes das Licht des Propheten Muhammad, Friede und Segen seien auf ihm. Außer diesem Licht existierte nichts: weder Himmel noch Hölle, weder Sterne noch Erde, weder Sonne noch Mond, weder Engel noch Mensch. Es gab nur einzig und alleine dieses göttliche Licht Allahs.

Allein durch Seinen göttlichen Willen und den Befehl: „Sei!" brachte Allah die ganze Schöpfung in die Existenz. Innerhalb von sechs Tagen erschuf Er auf diese Weise unsere sichtbare Welt, wie wir sie kennen und auch vieles Unsichtbare, was wir nicht kennen. In jedes einzelne Geschöpf legte Allah dabei etwas von dem Lichte Muhammads. Der Himmel erhielt einen Anteil genauso wie die Engel, die Erde, die Bäume, die Tiere, die Pflanzen und sogar die Steine.

Das Licht, das noch übrig blieb, tat Allah in eine Lampe aus grünem Smaragd, die Er an den „Baum der Gewissheit" im Paradiesgarten hängte.

Dann hielt Allah inne und lauschte Seiner Schöpfung. Die ganze Welt bebte und vibrierte durch die Kraft der Liebe des einen Gottes, der sie erschaffen hatte. Allah wußte, dass Er einen Wächter und Beschützer einsetzen mußte, um über diese kostbare Welt mit ihren vielen Geschöpfen zu wachen.

Allah befahl darum dem Erzengel Azrail, der Friede sei auf ihm, Ihm Staub von der Oberfläche der Erde zu bringen. Der Engel gehorchte und sammelte aus allen Gegenden der Welt ein wenig Staub. Er brachte roten, braunen, schwarzen, weißen, gelben und sogar orangenen Staub und legte alles vor seinen Schöpfer Allah den Allmächtigen. Allah fügte dem Staub etwas Wasser aus den Quellen des Paradieses hinzu und die Masse wurde zu Lehm. Daraus formte Allah dann die vollkommene Gestalt des Propheten Adam, der Friede sei auf ihm.

Die Gestalt war aber zunächst noch leblos. Allah nahm sie, blies ihr Seinen Atem ein und sie wurde weich und lebendig. Allah tat einen Teil des Lichtes Muhammads, Segen und Friede seien auf ihm, auf Adams Stirn und gab Adam das Geschenk des Wissens um den Namen eines jeden Geschöpfes.

Adam, der Friede sei auf ihm, schlug die Augen auf und bemerkte als Erstes das Licht, das von ihm wie ein Scheinwerferstrahl ausströmte. Adam befragte seinen Schöpfer danach und Allah der Erhabene sprach zu ihm: „Dieses Licht wurde dir zu treuen Händen gegeben. Du musst gut darauf achten und es ehren, denn es wird von dir an deine Kinder weitergegeben werden, von deinen Kindern an deine Enkelkinder und von diesen wiederum an deine Urenkel. Ein jeder muss dieses Licht gut bewahren und es rein und hell halten, indem er sich in Übereinstimmung mit dem Willen Allahs bringt. So wird dieses Licht über reine Eltern und reine Kinder von Generation zu Generation weitergegeben werden. Schließlich wird es seine Bestimmung erreichen, die Stirn Muhammads, des reinsten der Propheten."

Auch heute tragen alle Menschen etwas von diesem göttlichen Licht tief in sich. Sie haben es von ihrem Urgroßvater Adam geerbt, der Friede sei auf ihm.

Die Menschen sind aber nicht alle gleich. Unter ihnen gibt es welche, deren Herzen von ganz besonderer Reinheit und Klarheit sind und deren Charakter außergewöhnlich stark und fest ist. Das stärkste Licht schien darum immer von der Stirn der Propheten Allahs und der Heiligen. Allah schickte sie zu den Menschen, um sie auf den rechten Weg zu führen, ihnen

Seine Gesetzte zu erklären und den Gläubigen Unterstützung zu geben. Und so waren sie stets wie eine Leuchte in der Dunkelheit. Sie erhellten ihre Umgebung und gaben Mut und Hoffnung. Und so ist die Geschichte des Lichtes in erster Linie die Geschichte der Propheten. Ihre Ehre ging von einem Propheten auf den anderen über und das reine und leuchtende Licht wanderte von Stirn zu Stirn, bis es seine wahre Bestimmung erreichte: die Stirn des Propheten Muhammad, Friede und Segen seien auf ihm.

Von dort verbreitete es sich bis zum heutigen Tag weiter und es scheint noch immer in besonderer Kraft auf dem Antlitz der Freunde Allahs. Und weil es ohne Licht nur tiefe Dunkelheit gibt, müssen wir nach diesem Licht vor uns und hinter uns, in uns und außerhalb von uns suchen, es bewahren und ehren bis zum Ende aller Tage.

Dieses Buch erzählt also die Geschichte dieses Lichts und wir laden dich ein, dem Lichte Muhammads, Friede und Segen seien auf ihm, auf seiner Reise durch die Jahrhunderte zu folgen; von Herz zu Herz, von Stirn zu Stirn, von der Schöpfung des Propheten Adams, der Friede sei auf ihm, bis zur Geburt des letzten Propheten Muhammad Mustafas, Allahs Segen und Friede seien auf ihm.

Adam, der Friede sei auf ihm

„Siehe, ich will auf der Erde für Mich einen Sachverwalter einsetzen,"

(Sure 2, 30)

I

Das Licht geht auf Adam ﷺ über

Nachdem Adam, der Friede sei auf ihm, erschaffen worden war, führte Allah der Erhabene ihn zu den Engeln und sie waren sehr erstaunt über seine Schönheit und angenehme Gestalt. Allah befahl Adam ﷺ, den Engeln ihre Namen sowie die Namen aller Dinge der gesamten Schöpfung zu nennen und seine große Weisheit überraschte sie noch mehr. Dann gab Allah den Bewohnern des Himmels den Befehl, sich vor Adam zu verneigen. Sie gehorchten und verneigten sich tief vor dem Lichte Muhammads, Friede und Segen seien auf ihm, das aus Adams Stirn hervorströmte.

Alle verneigten sich - außer einem. Sein Name war Azazil und er war einer der Djinnen. Er lehnte es ab, sich vor einem Geschöpf aus Staub zu verneigen, da er selber aus Feuer erschaffen war und sich daher für besser hielt. Er war eifersüchtig auf Adam, der Friede sei auf ihm, und gehorchte seinem Schöpfer nicht. Zur Strafe wurde sein Name wurde in Iblis geändert und er für immer aus der himmlischen Gemeinschaft vertrieben. Aus Wut darüber schwor er, Adam ﷺ und seine Kinder zu zerstören und sie für immer und ewig zu verfolgen, in Versuchung zu führen und zum Ungehorsam anzustiften. Er würde seinem Herrn beweisen, dass er Recht gehabt hatte damit, sich nicht vor einem Geschöpf aus Staub zu verneigen.

Und Allah der Allmächtige erlaubte ihm, Adam ﷺ zu prüfen. Es war alles Teil Seines göttlichen Planes, denn Licht kann nur dann wirklich wahrgenommen und geschätzt werden, wenn es in die Dunkelheit kommt und sie verwandelt. Iblis selber ist die Art von Dunkelheit, die wir Schaitan oder den Teufel nennen.

Allah ließ Adam, der Friede sei auf ihm, im himmlischen Paradiesgarten leben. Dort betete er Allah an und lebte lange Zeit glücklich und zufrieden. Doch eines Tages begann Adam ﷺ, sich einsam zu fühlen und bat Allah den Allmächtigen um einen Gefährten. Und als er eingeschlafen war, nahm Allah ihm eine Rippe aus seiner Brust und formte daraus eine wunderschöne Frau. Adam ﷺ erwachte und erkannte sie sofort, denn Allah hatte ihn ja die Namen aller Dinge und Geschöpfe gelehrt. Adam ﷺ wusste also, dass sie Hauwa hieß und Allah sie ihm zur Frau geben wollte, der Friede sei auf ihr. Und so heirateten sie und lebten im Paradies in großer Freude zusammen.

Allah überlies den beiden den ganzen Paradiesgarten. Sie durften essen, trinken und genießen, was sie wollten, mit Ausnahme der Frucht eines Baumes. Allah gebot ihnen, diesen Baum und seine Früchte zu meiden und niemals anzurühren.

Iblis sah seine Chance gekommen. Er stellte sich an das Tor zum Paradies und weinte lauthals, bis schließlich der Pfau kam und ihn nach dem Grund seiner Traurigkeit fragte. Iblis erzählte ihm vom Tod, der jedes Lebewesen ereile und erklärte dem Pfau: „Das einzige Gegenmittel für den Tod ist, von den Früchten des verbotenen Baumes zu essen!" Der Pfau hörte Iblis zu und sagte es der Schlange weiter. Die Schlange erzählte es dann Hauwa, der Friede sei auf ihr. Als Hauwa vom Tod erfuhr, ergriff sie die Angst und so aß sie von den Früchten des Baumes. Dann überredete sie sogar Adam ﷺ ﷺ, der Friede sei auf ihm, auch davon zu essen.

Sie taten also das, was ihnen als Einziges verboten worden war. Ohne an eine Strafe von Allah zu denken und aus Furcht wurden sie Ihm gegenüber ungehorsam. Als sie erkannten, was sie getan hatten, tat es ihnen sehr, sehr leid. Sie baten Allah um Vergebung, aber Allah der Allmächtige wollte ihnen noch nicht vergeben und vertrieb sie genauso wie Iblis vorher aus dem Paradies.

Von da an durften sie nur noch auf der Erde leben. Adam, der Friede sei auf ihm, kam auf einem Berg in Sri Lanka auf die Erde herab und Hauwa, der Friede sei auf ihr, in Jeddah, in der Wüste Arabiens. Sie waren ein jeder für lange Zeit vollkommen alleine und voller Trauer. Sie weinten und riefen nach Vergebung und begannen, einander zu suchen.

Aber alles, was geschehen war, konnte nur geschehen, weil es Allahs Wille gewesen war. Denn Allah der Allmächtige hatte Adam, der Friede sei auf ihm, als Seinen Stellvertreter auf Erden einsetzen wollen, was nicht möglich war, solange Adam ﷺ noch im Paradies lebte. Darum musste Adam ﷺ das Paradies erst einmal verlassen. Und das war sehr, sehr schmerzhaft für ihn. Im Paradies hatte es alles Mögliche gegeben, was es jetzt, auf Erden, nicht gab. Adam ﷺ wünschte sich also nichts mehr, als wieder ins Paradies zurückkehren zu dürfen und war bereit, auf Erden alles zu tun, um diese Gnade wieder zu erlangen.

Allah der Allmächtige, in Seiner Weisheit und unendlichen Barmherzigkeit, legte nun diese Sehnsucht nach Heimkehr ins Paradies aber nicht nur Adam ﷺ und Hauwa ins Herz. Er legte sie auch in das Herz aller ihrer Nachfahren. Und so gibt es noch heute tief im Inneren eines jeden Menschen eine gewisse Leere: die unbeschreibliche Sehnsucht nach dem Frieden und der Sicherheit des Paradieses. Allah schenkte den Menschen dieses Heimweh, das sie dazu bewegt, Gutes zu tun und Allah gefallen zu wollen. Es schützt sie vor dem Übel und den Versuchungen Schaitans und lässt sie auf Erden niemals zur Ruhe kommen oder sich dort vollkommen heimisch fühlen. Nur in der Nähe Allahs, im Paradies, fühlt sich der Mensch wirklich daheim.

Nach vielen Jahren des Weinens und Bittens um Vergebung wurde Adam ﷺ und Hauwa schließlich vergeben, der Friede sei auf ihnen beiden. Adam ﷺ fand Hauwa in Arabien auf dem Berg Rahma in der Ebene von Arafat nahe Mekka und sie lebten von nun an gemeinsam auf der Erde.

Adam ﷺ und Hauwa bekamen Kinder. Diese Kinder kamen alle als Zwillingspaare zur Welt: es waren immer ein Mädchen und ein Junge, die dann heirateten, um eine neue Familie zu gründen. Damals war es erlaubt und nicht anders möglich, als dass Bruder und Schwester heirateten, denn es gab niemand anderes.

Es geschah nun, daß einer der Jungen, Qabil, neidisch auf seinen Bruder Habil wurde, der Friede sei auf ihm. Die Zwillingsschwester und Frau Habils war nämlich viel schöner als die des Qabil. Von den Einflüsterungen des eifersüchtigen Iblis getrieben, wollte er die Frau seines Bruders zur Frau nehmen. Und sein Neid über das Licht, das von der Stirn seines Bruder schien, war sogar noch größer. Er beschloss also, seinen Bruder los zu werden. Eines Tages nahm Qabil einen Stein und erschlug Habil damit. Als Qabil klar wurde, was er da getan hatte, war er sehr entsetzt.

Bis zu diesem Moment in der Geschichte hatte es keinerlei Gewalt unter den Menschen gegeben, geschweige denn einen Mord. Der Tod war überhaupt noch etwas völlig Unbekanntes. Qabil war tief erschüttert und bereute seine Tat sehr. Er hob den leblosen Körper seines Bruders hoch und trug ihn für lange Zeit in seinen Armen von Ort zu Ort, weil er nicht wußte, was er damit nun tun sollte. Erst als er eine Krähe sah, die eine andere tote Krähe im Boden verscharrte, kam ihm der Gedanke, Habil in der Erde zu begraben.

Qabil begrub zwar seinen Bruder, sein Kummer aber blieb. Den konnte er nicht einfach so vergraben. Verzweifelt verließ er seine Eltern, nahm seine Familie mit und wanderte ziellos in der Welt umher. Dabei kam er an allerlei Orten vorbei, auch an sehr schlechten. Er hegte er die Hoffnung, seinen Frieden wieder zu finden. Das aber sollte ihm nirgendwo mehr gelingen.

Adam ﷺ und Hauwa, der Friede sei auf ihnen beiden, waren sehr, sehr traurig über den Verlust ihrer beiden Söhne. Dieser Kummer wurde noch verstärkt, als ihnen bewusst wurde, dass durch Habils Tod auch das reine Licht Muhammads, Friede und Segen seien auf ihm, von der Erde verschwunden war. Adam ﷺ und Hauwa beteten darum zu Allah, ihnen noch einmal einen guten Sohn zu schenken, der dieses Licht würde tragen können.

Und sie bekamen noch viele weitere Kinder. Es waren alles Zwillingspaare außer einem Sohn, der allein geboren wurde. Er war es, den Allah nun auserwählte, den ermordeten Habil zu ersetzen und die Prophetenehre zu übernehmen. Er war gut und aufrichtig und Allahs Willen ergeben und sollte nun Sein Licht in die Zukunft tragen.

Möge Allah Adam segnen und ihm Frieden schenken.

Shith, der friede sei auf ihm

„Habe ich nicht mit euch eine Abmachung getroffen, oh ihr Kinder

Adams..?" (Sure 36, 60)

2

Das Licht geht auf Shith ﷺ über

Dieser Sohn, welcher das Licht Muhammads, Friede und Segen seien auf ihm, von seinem Vater Adam ﷺ erbte, hieß Shith, der Friede sei auf ihnen beiden. Sein Name bedeutet „Geschenk Gottes". Er war sehr rein und hübsch und seinem ermordeten Bruder Habil, der Friede sei auf ihm, überaus ähnlich. Shith war ein Freund Gottes und ein Prophet. Adam und Hauwa, der Friede sei auf ihnen beiden, freuten sich sehr, als sie das Licht Muhammads auf seiner Stirn leuchten sahen. Es schien so stark und hell wie der Strahl eines Leuchtturms.

Shith wuchs heran und als er alt genug war, riet Adam ﷺ ihm: „Heirate eine gute Frau, führe dein Leben gemäß dem Wege Allahs und erziehe deine Kinder zu aufrichtigen Menschen." Shith versprach es und sein Versprechen wurde von einem Heer von Engeln bezeugt, die direkt von Allah kamen und Shith ein Geschenk Seines Herrn überbrachten, der Friede sei auf ihm. Allah schickte Shith eine Schatztruhe, in der Shiths Versprechen an Allah in einer Schrift verwahrt wurde. Die Schatztruhe enthielt außerdem die Beschreibung aller großer Propheten und Gesandten, die aus seiner Nachkommenschaft hervorgehen und ihm nachfolgen würden. Ihre Namen und ihr Aussehen war also schon von Anfang an bekannt und deshalb konnten sie später von den Klugen und Weisen unter den Menschen leicht erkannt werden.

Diese Schatztruhe nannte man später „Die Bundeslade". Sie war etwas sehr Heiliges und Besonderes und wurde zusammen mit dem Lichte Muhammads, Friede und Segen seien auf ihm, von einem Propheten zum nächsten weitergegeben. Solange die Bundeslade im Besitz der Gläubigen war, waren diese durch den Segen, der mit ihr verbunden war, sicher und geschützt.

Anfangs lebten die Menschen sehr lange und Shith war schon vierhundert Jahre alt, als sein Vater Adam, der Friede sei auf ihm, starb und Shith ihn beerdigte. Adam ﷺ selbst hatte das hohe Alter von ungefähr eintausend Jahren erreicht. Und so wie Adam ﷺ viele Kinder gehabt hatte, waren auch die Kinder Shiths zahlreich. Sie lebten mit ihm in den Bergen in der Nähe von Damaskus. Sie waren Bauern und Hirten und lebten friedlich miteinander.

Andere Nachfahren Adams waren aber leider nicht so gehorsam Allah gegenüber. Sie lebten in der Nähe von Shiths Familie in den Tälern bei den Wasserläufen. Sie waren faul und hielten sich an keinerlei Regeln oder Gesetze. Dadurch bereiteten sie den Rechtschaffenen viele Probleme.

Shith starb mit siebenhundertzwanzig Jahren. Er erfüllte sein Versprechen Allah gegenüber und gab das Licht Muhammads, Friede und Segen seien auf ihm, und die Bundeslade an seinen Sohn Enush weiter. Enush gab das Licht später an Kan´aan. Von Kan´aan ging es über Mahalal an Yerad, der Friede sei auf ihnen allen.

Möge Allah Shith segnen und ihm Frieden schenken.

Idris, der Friede sei auf ihm

… „Er war fürwahr ein Aufrichtiger, ein Prophet.
Und Wir erhoben ihn zu einem hohen Rang." (Sure 19, 56-57)

3

Das Licht geht auf Idris ﷺ über

Eines Tages kamen die Engel zu Yerad, der Friede sei auf ihm, und kündigten ihm die Geburt eines besonderen Sohnes an. Yerad fürchtete sich und war sehr besorgt, ob er wohl in der Lage sein würde, seinen Sohn so zu erziehen, dass er Allahs Vertrauen und Auftrag gerecht werden wfürde. Zu dieser Zeit waren schon so viele junge Leute vom guten Weg abgekommen. Sie taten Dinge, die von Allah verboten worden waren und hatten ihren Herrn längst vergessen. Darum zweifelte Yerad daran, dass er es schaffen würde, ein reines Kind inmitten all des Schlechten in der Welt auch in Reinheit großzuziehen.

Als aber sein Sohn geboren wurde, beruhigte Yerad sich und war erleichtert, als er das Licht Muhammads, Friede und Segen seien auf ihm, wie eine Sonne von dessen Stirn leuchten sah. Er war sich nun sicher, dass dieses Kind stärker sein würde als all das Schlechte in der Welt.

Yerad nannte seinen Sohn Idris, was „der Lernende und Lehrende" bedeutet, der Friede sei auf ihnen beiden. Idris wurde ein großer Prophet und Gesandter seines Volkes und lehrte es vieles, was wir heute für selbstverständlich halten. Wir können uns die Welt gar nicht mehr ohne das Wissen vorstellen, welches durch Idris zu den Menschen kam.

Er brachte ihnen beispielsweise bei, wie man Feuer macht. So konnten sie sich daran wärmen und damit kochen. Von der Spinne lernte er, Garn aus der Wolle der Schafe zu spinnen. Idris webte das Garn zu Stoff und wenn der Stoff fertig war, schnitt ihn mit Hilfe zweier scharfer Steine zu. Aus den Stoffteilen nähte er dann Kleider. Idris, der Friede sei auf ihm, war somit der erste Schneider.

Idris, der Friede sei auf ihm, lehrte die Menschen auch, die Worte Allahs zu sammeln, aufzuschreiben, und sie in einem Buch zusammenzufassen. Er lehrte sie das Lesen und die Weitergabe von Wissens und so war Idris für sein Volk sowohl Prophet als auch Lehrer. Er wusste auch, wie man zählt und wie man mit den Zahlen umgeht, indem man sie zusammenrechnet oder voneinander abzieht.

Idris beobachtete auch den Lauf der Sterne und sammelte Wissen über ihre Bahnen und die Sternbilder. Er kannte die verschiedenen Sternenkonstellationen und wußte sich mit ihrer Hilfe zu orientieren. Er war also auch der erste Astronom. Darüber hinaus war er auch noch der erste Arzt, denn er studierte die Pflanzen und ihre Heilwirkungen. Und er war seinem Volk auch ein Führer.

Seine wichtigste Aufgabe von allen aber war, die Menschen die Gesetze Gottes zu lehren, die Religion Adams, der Friede sei auf ihm. Das bedeutet, Idris war vor allem ein Prophet, der Friede sei auf ihm.

Es lebten in den naheliegenden Tälern viele Menschen, die ihren Glauben verloren hatten. Diese beobachteten das Leben von Idris und seinen Leuten, der Friede sei auf ihm. Als sie sahen, dass sie ein gutes Leben führten, wurden sie neidisch. Anstatt Idris zuzuhören und seine Ratschläge anzunehmen, blieben sie stur und kehrten ihm und den Gläubigen wütend den Rücken. Nach zweihundertfünfzig Jahren war ihr Neid schließlich so groß geworden, dass sie eine Armee sammelten, um Idris und sein Volk zu überfallen und all die wunderbaren Dinge, die die Menschen gemacht hatten, zu zerstören.

Idris, der Friede sei auf ihm, musste also seine Leute schützen und er überlegte, wie er dies am besten tun könne. Einmal beobachtete er den Ast eines Apfelbaumes, wie er sich krümmte und seine Früchte abwarf und es kam ihm eine Idee. Er erfand den Bogen und den Pfeil. Auch fiel ihm auf, wie aus Steinen, die dicht um ein flackerndes Feuer herumlagen, geschmolzenes Metall floß. Er fing das geschmolzene Metall auf und machte daraus Schwerter und Speere. Nun war sein Volk gegen jeden Angriff gewappnet.

Seine Gefährten wollten aber niemanden verletzen, nicht einmal ihre Feinde. Idris, der Friede sei auf ihm, musste sie also erst einmal lehren, dass Allah sich wünscht, dass das Gute gegen das Schlechte, das Recht gegen das Unrecht verteidigt wird, auch wenn es den Menschen schwer fällt, dafür gegen andere Menschen kämpfen zu müssen. Den Menschen war und ist es bis ans Ende aller Tage verboten, anderen Lebewesen grundlos weh zu tun. Aber ein jeder muss lernen, für das Gute einzutreten und wie er sich im Notfall verteidigen kann, denn wenn die Guten besiegt würden, würde ja niemand mehr auf der Erde übrigbleiben, der Allah dient und Seinem Weg und Willen folgt.

Den ersten Kampf gewannen Idris und die Gläubigen. Doch dann lernten die Ungläubigen ebenfalls, Pfeil und Bogen zu gebrauchen und Schwerter und Speere zu schmieden. Idris, der Friede sei auf ihm, musste sich also etwas Neues überlegen, um seine Leute zu schützen.

Er begann, wilde Kamele zu zähmen, um sie als Reittiere im Kampf verwenden zu können. Dann aber erinnerte er sich an die Geschichten, die ihm sein Vater über jene wunderbaren Tiere erzählt hatte, die Adam ﷺ, der Friede sei auf ihm, auf seiner Reise von Sri Lanka nach China und Arabien einst gesehen hatte. Diese Tiere waren die Pferde und so begann Idris, auch sie zu dressieren, so dass sie dem Menschen nützlich wurden.

Am Ende seines äußerst arbeitsamen Lebens zog sich Idris, der Friede sei auf ihm, von seinen Leuten zurück, um alleine zu sein. Er meditierte und betete zu Gott und seine Gebete waren so schön, dass die Engel von all ihren himmlischen Stationen kamen, um bei ihm zu sitzen und mit ihm zu beten. Jedes Teilchen der Schöpfung, angefangen von dem kleinsten Reiskorn bis hin zum größten Stern, hat nämlich seinen besonderen Engel, der über es wacht.

Idris freute sich natürlich sehr über die Gesellschaft der Engel. Das meiste Vergnügen aber bereitete ihm das Zusammensein mit dem Engel der Sonne und darum bat Idris ihn, bei ihm zu bleiben, der Friede sei mit ihm.

Nach vielen Jahren, in denen der Engel der Sonne gemeinsam mit Idris, der Friede sei auf ihm, in seinem Haus gebetet hatte, gab Allah dem Engel der Sonne die Erlaubnis, Idris an seinen eigenen himmlischen Wohnort mitzunehmen. Sie verließen die Erde und verbrachten viele Tage zusammen in den Himmeln. Idris war glücklich. Einmal setzte er sich zur Vollendung seines Glücks auf den Thron des Engels. Da erschien plötzlich der Engel des Todes, der Friede sei auf ihm, und nahm ihm seine Seele.

Als der Engel der Sonne bemerkte, was geschehen war, war er entsetzt und sehr traurig darüber, dass sein Freund ausgerechnet dann hatte sterben müssen, als er sein Gast im Himmel war. Der Engel bat deswegen Allah inständig, Idris seine Seele wiederzugeben, bis daß er zu seinem Volk auf der Erde zurückgekehrt wäre.

Idris, der Friede sei auf ihm, wurde wieder zum Leben erweckt. Bevor er jedoch zur Erde zurückkehrte, erbat er sich von seinem Engelsfreund einen Blick in die Hölle und eine Reise durch das Paradies.

Als Idris, der Friede sei auf ihm, bei dieser Reise in den Paradiesgarten kam, fühlte er die große Nähe Seines Herrn und er entschied sich, zu bleiben. Dagegen konnte nun niemand mehr etwas tun. Idris war ja schon einmal gestorben und Allah hat für uns nur einen Tod vorgesehen. Idris war nun bereits im Paradies und Allah hatte einst das Versprechen gegeben, dass niemand, der sein Leben vollendet und das Paradies betreten hat, je dazu gezwungen werden kann, es wieder zu verlassen. Und so blieb Idris im Paradies.

Der Prophet Idris, der Friede sei auf ihm, hat eine so erhabene Station, dass er im Gegensatz zu anderen Menschen das Paradies lebendig betrat. Er lebt dort noch heute und manche sagen, er sei der Schneider der Engel.

Möge Allah Idris segnen und ihm Frieden schenken.

Nuh, der friede sei auf ihm

„Steigt in sie (die Arche) ein! Im Namen Allahs sei ihre Fahrt und ihre
Landung! Siehe, mein Herr ist wahrlich nachsichtig und barmherzig." (Sure
11, 41)

4

Das Licht geht auf Nuh ﷺ über

I dris ﷺ, der Friede sei auf ihm, hatte viele Kinder und Enkelkinder. Darunter war ein junger Mann mit dem Namen Lamaq. Und auch wenn er selber kein großer Prophet war, so trug er dennoch das Licht seines Vaters und gab es weiter. Er heiratete und seine Frau brachte einen Jungen zur Welt. Auf der Stirn dieses Jungen leuchtete nun wieder das Licht Muhammads, Friede und Segen seien auf ihm, mit voller Kraft. Es strömte heraus wie die Strahlen eines Leuchtturms, der die Schiffe sicher durch die Dunkelheit in den Hafen führt.

Die Eltern gaben ihrem Sohn den Namen Sakir, weil er so süß war. Allah der Erhabene machte ihn, der Friede sei auf ihm, zu einem sehr großer Propheten. Sakir wurde später Nuh ﷺ genannt und darum erzählen wir seine Geschichte mit diesem Namen.

Nuh ﷺ, der Friede sei auf ihm, arbeitete mit Holz. Als er vierzig Jahre alt war, nahm ihn der Erzengel Mikail, der Friede sei auf ihm, mit auf Reisen, um ihm die ganze Welt zu zeigen. Doch wo immer Nuh ﷺ auch hinblickte, sah er Ungerechtigkeit und Verzweiflung: Die Reichen sorgten nicht mehr für die Armen und die Starken schützten nicht länger die Schwachen. Diejenigen, die von Allah reich beschenkt waren, benutzten diese Gaben nur dazu, sich selbst zu helfen und anderen zu schaden. Niemand erinnerte sich mehr an seinen Schöpfer, Allah den Erhabenen und niemand erinnerte sich mehr an den göttlichen Auftrag, Wächter über Allahs Schöpfung zu sein.

Als Nuh, der Friede sei auf ihm, von dieser Reise zurückgekehrt war, begann er, sein Volk zu lehren. Er wanderte umher und erzählte den Menschen von Allah. Er trug ihnen auf, einander freundlich und unvoreingenommen zu behandeln. Doch die meisten Menschen akzeptierten ihn nicht. Die Reichen ließen ihn von ihren Wächtern verjagen und die Armen warfen Steine nach ihm.

Vierhundertachtzig Jahre lang machten sich die Menschen über ihn lustig. Am Ende waren es nur achtzig Männer und Frauen, die auf Nuh ﷺ, der Friede sei auf ihm, hörten und ihm folgten.

Nuh ﷺ hatte eine Frau und vier Söhne: Sam, Ham, Japheth und Yam, der Friede sei auf ihnen allen. Aber sogar seine Frau und sein Sohn Yam hörten nicht auf ihn und waren auf der Seite der Ungläubigen.

Schließlich wurde Nuhs Ärger so groß, daß er zu Allah betete und Ihn bat, die Welt von allem Schlechten und von denen, die Schlechtes taten, zu reinigen. Und der Herr erhörte sein Gebet und kündete eine große Strafe an, die Sintflut.

Allah der Erhabene befahl Nuh, der Friede sei auf ihm, ein großes Schiff zu bauen, durch das er und die Gläubigen vor der Sintflut gerettet werden sollten. Dieses Schiff sollte aus hundertvierundzwanzigtausend Holzplanken gebaut werden. Auf jeder dieser Planken sollte der Name eines der Propheten geschrieben werden: der Name derjenigen Propheten, die schon gekommen waren und der Name derjenigen, die noch kommen würden. Der Bug des Schiffes sollte wie die Brust eines Vogels und das Heck wie ein Pfauenschwanz aussehen. Das Schiff sollte drei Stockwerke haben: das unterste sollte für die Tiere sein, das mittlere für die Vögel und Insekten und das oberste für die Menschen.

Dieses Boot wurde die ´Arche´ oder die ´Lade´ genannt, so wie die Lade von Shith, der Friede sei auf ihm, denn es war auch ein Behälter für große Schätze: In derr Arche sollten alle guten Lebewesen und die Namen aller Propheten vor der Zerstörung durch die Sintflut gerettet werden.

Nuh, der Friede sei auf ihm, baute die Arche so, wie Allah es ihm befohlen hatte. Doch gab es in seinem Lande gar kein Wasser, weder Meer noch See und noch nicht einmal einen Teich, auf dem ein so großes Schiff hätte schwimmen können.

Und so dachten die ungläubigen Menschen, die Nuh, der Friede sei auf ihm, schon immer verhöhnt hatten, daß er nun vollends verrückt geworden wäre und sie verspotteten ihn ohne jedes Erbarmen. Sie begannen, sein Schiff als Toilette zu benutzen, bis die Arche ganz und gar mit Unrat verdreckt war und dermaßen fürchterlich stank, dass Nuh ﷺ noch nicht einmal mehr in ihre Nähe gehen wollte. Aber Allah versprach ihm, dass Er die Ungläubigen dazu bringen würde, die Arche wieder zu reinigen.

Und schon bald brach unter den Ungläubigen eine Krankheit aus. Die Körper der Menschen waren von oben bis unten mit einem roten, juckendem Hautausschlag bedeckt und es ging ihnen sehr, sehr schlecht.

Eines Tages ging ein alter Mann wieder einmal zur ´Toilette´, auf die Arche. Da rutschte er aus und fiel in die stinkende Masse. Als er sich wieder berappelt hatte, bemerkte er, dass sein Ausschlag geheilt war. Er erzählte es den anderen und innerhalb kürzester Zeit wälzten sich alle in dem Unrat, den sie selber verursacht hatten. Sie leckten ihn sogar noch mit ihren Zungen auf, um auch jedes kleinste bisschen des heilenden Drecks zu nutzen. So dauerte es nicht lange und die Arche war wieder blitzblank.

Die Arche war nun fertiggestellt. Bald darauf gebot Allah dem Propheten Nuh, der Friede sei auf ihm, sie mit Wasser und Nahrung zu beladen und von jeder Tierart ein Männchen und ein Weibchen zu sammeln. Allah befahl den Tieren, für die Dauer der Reise in der Arche in Frieden und Verbundenheit miteinander zu leben. Die Arche war ein Schiff der Sicherheit und des Schutzes und alle Geschöpfe auf ihm sollten einander Frieden wünschten.

Alle hielten sich daran. Das Verhalten der Tiere war von besonderer Vorsicht geprägt. So neigten der Löwe und die Löwin ihr königliches Haupt vor dem Schaf, wenn es vorbeiging und der Tiger und die Tigerin sprachen mit gedämpfter Stimme, um die Nervosität der Gazelle nicht anzustacheln. Der Elefant und sein Weibchen hoben ihre großen Füße mit Vorsicht und setzten sie wieder sanft zwischen den kleinen Tieren auf. Und der Kater und die Katze hielten ihre Augen bedeckt, wenn der Mäuserich mit seinem Weibchen vorbeihuschte, wenn auch die Spitze ihres Schwanzes doch ein- oder zweimal zuckte. In der zweiten Etage beließen die Raubvögel, die Eulen, die Geier und die Adler ihre Krallen fest um die Stangen herum, auf denen sie saßen, während die Spatzen und Finken frei um sie herumflatterten und spielten.

Nach den Tieren gingen als Letztes die achtzig gläubigen Menschen an Bord. Nun war die Arche voll und ihre Bewohner harrten der Dinge, die da kommen sollten.

Sie mussten nicht lange auf die Sintflut warten. Schon bald zogen dunkle Wolken auf und es begann, in Strömen zu regnen. Und auch aus der Erde kam Wasser hervorgeschossen. Die Quellen wurden bald zu großen Bächen und die Bäche zu reißenden Flüssen. Von überallher kam Wasser und die Arche begann, auf den Fluten zu schwimmen.

Nuh, der Friede sei auf ihm, rief noch ein letztes Mal nach seiner Frau und seinem Sohn, die ihm nicht gefolgt und die die Arche nicht betreten hatten. Sie dachten nämlich, sie könnten Allah überlisten und sich vor der Sintflut retten, indem sie auf den höchsten Berg kletterten. Doch Allah kann man nicht überlisten und auch die höchsten Bergspitzen gingen nach und nach im Wasser unter. Die Menschen, die Nuh ﷺ nicht gefolgt waren, ihre Häuser und selbst Bäume wurden alle von den Fluten hinweggespült.

Nuh, der Friede sei auf ihm, und sein Gefolge lebten sechs Monate lang auf der Arche, solange, bis das Wasser weniger wurde und die Fluten versiegten. Am 10. Muharram landete die Arche schließlich auf dem Berg Djudi in der heutigen Osttürkei. Die achtzig Gläubigen gingen von Bord. Von den Resten der Nahrungsmittel, die noch auf der Arche übrig geblieben waren, kochten sie zur Feier des Tages der Errettung ein Gericht. Diese Speise wird auch heute noch alljährlich zum 10. Muharram gekocht und wird 'Ashura' oder 'Nuhs Pudding' genannt. Damals wie heute besteht sie aus trockenen Früchten, Bohnen, Linsen, Reis und Mehl.

Die Menschen begannen wieder, Häuser zu bauen und den Boden zu bestellen. Sie richteten sich ihr Leben ein und waren zufrieden.

Kurze Zeit später befahl Allah der Allmächtige dem Propheten Nuh ﷺ, der Friede sei auf ihm, Tontöpfe aus der von der Flut noch feuchten Erde herzustellen. Nuh ﷺ formte Tausende von Töpfen und Schalen. Als sie getrocknet waren, stapelte er sie aufeinander und es war ein hoher Turm. Als er so sein Werk betrachtete, gebot Allah ihm: „Ziehe den untersten Topf heraus!"

Da fi el der ganze Turm in sich zusammen und die Tonkrüge zerbrachen in Millionen kleine Stücke. Nuh, der Friede sei auf ihm, weinte aus Verzweifl ung über die vergebliche Mühe und seinen Verlust. Er sprach zu Allah: „Oh mein Herr, warum hast du mich all diese schönen Töpfe und Schalen machen lassen, wenn ich sie am Ende doch nur zerstören sollte?" Doch als er Allahs Antwort vernahm, weinte er noch mehr: „Da siehst du nun, Nuh ﷺ, wie es für einen Schöpfer ist, Seine eigene Schöpfung zu zerstören.

Du empfindest Schmerz über deine vertane Mühe. Kannst du dir vorstellen, wie sehr Mir meine Knechte am Herzen liegen, die Ich erschaffen habe? Auf dein Gebet hin habe Ich die Welt verflucht und alles auf ihr vernichtet. Nie wieder sollst du darum dein Gebet gegen eines Meiner Geschöpfe richten, sonst streiche ich deinen Namen aus dem Buch Meiner Propheten!"

Nuh, der Friede sei auf ihm, wurde erst jetzt bewusst, welch zerstörerische Macht sein Gebet gehabt hatte und war zutiefst erschüttert und traurig. Aus lauter Verzweiflung weinte und weinte er und flehte Allah um Vergebung dafür an, dass er um eine so schreckliche Flut gebeten hatte. Sein Weinen ist der Grund, warum er von nun an ´Nuh ﷺ´ genannt wurde, denn dieser Name bedeutet „derjenige, der aus Kummer weint".

Nuh, der Friede sei auf ihm, lebte neunhundert Jahre. Seine drei Söhne Sam, Ham und Japheth, der Friede sei auf ihnen allen, waren die einzigen Überlebenden, die Kinder bekamen und darum sind alle Menschen ihre Nachfahren. Die Nachkommen von Sam siedelten in Arabien und Indien, die von Japheth in der Türkei und die Nachkommen Hams besiedelten Ägypten und Afrika. Der Friede sei auf ihnen allen.

Möge Allah Nuh segnen und ihm Frieden schenken.

Hud, der Friede sei auf ihm

… „Sie sagten: „Das ist eine Wolke, die uns Regen bringen wird!"

„Nein! Es ist das, was ihr euch herbeigewünscht habt: ein Wind, der eine

schmerzliche Strafe mitführt. Er wird alle Dinge vernichten, auf seines

Herrn Befehl." (Sure 46, 24-25)

5

Das Licht geht auf Hud ﷺ über

Achthundert Jahre lang lebten die Kinder Sams, der Friede sei auf ihm, nun schon in der Gegend von Mekka in Arabien. Zu Beginn war die Erinnerung an die große Flut noch wach und frisch, so dass sie gläubigen Herzens ihr Versprechen einhielten und nur Allah dem allmächtigen Schöpfer dienten.

Nach und nach vergaßen sie aber ihr Versprechen, so wie auch die Kinder Adams, der Friede sei auf ihm, es zuvor wieder vergessen hatten. Bald war die Flut bloß noch eine Legende in den Köpfen der Menschen und sie kehrten schließlich sogar dahin zurück, falsche Götter anzubeten.

Eine Gruppe der Nachfahren Sams, der Friede sei auf ihm, lebte im Norden Arabiens. Sie nannten sich selbst das Volk von ´Ad. Sie waren große, aggressive Leute und taten, was immer sie wollten. Sie nahmen sich von denen, die schwächer waren als sie, was sie eben gerade begehrten oder fielen über sie her und machten sie zu ihren Sklaven. Die Leute von ´Ad arbeiteten selber nicht. Auch leugneten sie Allah und huldigten ihrem König, als ob er ein Gott wäre. Dieser König war ein Kannibale, das heißt, er aß Menschenfleisch und trank Blut. Sein Volk tötete darum für ihn unschuldige Opfer, um sie ihm anschließend zum Abendessen zu servieren.

Der erste Mensch, der Gold entdeckte, war einer aus dem Volk von ´Ad. Er fischte es aus den Flüssen und schlug es aus den Felsen und machte dann

Statuen und Schmuck daraus. Beides war so schön und glänzend, dass es die Leute verblendete und schon bald begannen sie, sich davor zu verneigen und alles, was aus Gold war, zu vergöttern.

In die königliche Familie dieser vergesslichen Menschen wurde eines Tages ein Nachkomme Nuhs, der Friede sei auf ihm, geboren. Sie nannten ihn ´Hud ﷺ´, der Friede sei auf ihm, denn er war anders als die Leute aus dem Volk von ´Ad: freundlich und von milder Umgangsweise. Und auch wenn keiner der Leute von ´Ad es sehen konnte, so leuchtete doch auf seiner Stirn das Licht Muhammads, Segen und Friede Allahs seien auf ihm. Huds Licht strahlte so, wie wenn die Sonne durch die Wolken bricht.

Schon als Hud ﷺ, der Friede sei auf ihm, noch recht jung war, waren ihm die Gewohnheiten seiner Leute verhasst. Er verließ ihre Feiern und schrecklichen Gelage und zog sich in eine Höhle in den Bergen zurück, um nachzudenken und zu beten. Als er vierzig Jahre alt war, schickte Allah den Erzengel Djibriil zu ihm, der Friede sei auf ihm, mit der Nachricht, dass er ein großer Prophet werden würde. Er solle zu seinem Volk gehen und es den Glauben lehren. Doch Allah warnte ihn davor, seinem Volk jemals Wunder zu zeigen, auch wenn die Leute ihn noch so sehr bedrängten. Denn sie würden ein Wunder nicht zu schätzen wissen und das würde dann zu ihrer Vernichtung führen

Hud ﷺ, der Friede sei auf ihm, begab sich auf die Suche nach Menschen, denen er seine Botschaft überbringen konnte. Immer schon hatte er große Sympathie für die Sklaven des Volkes von ´Ad empfunden. Sie taten nicht nur all die Arbeit, während ihre Besitzer schliefen, sie wurden obendrein auch noch sehr schlecht behandelt. Sie bekamen fast nichts zu essen und wurden viel geschlagen. Hud ﷺ ging zu ihnen und lebte mit ihnen. Und tatsächlich fand er unter ihnen Herzen, die sehr demütig waren und Köpfe, die nach

Wissen und Wahrheit dürsteten. Und so begann er, den Sklaven von Allah zu erzählen. Sie hörten ihm zu und folgten ihrem Propheten Hud, der Friede sei auf ihm.

Als Huds Familie, der Friede sei auf ihm, entdeckte, dass er mit den Sklaven lebte, auf dem Boden schlief und schlechtes Essen aß, wurde sie sehr wütend. Sie ging zu ihm und bestanden darauf, daß er sich wie ein Besitzer von Sklaven benehmen sollte und nicht wie ein Sklave. Sie gaben ihm eine Peitsche in die Hand und verlangten von ihm, dass er einen der Sklaven, der sein Freund war, auspeitschen solle oder er müsse selber sterben. Hud, der Friede sei auf ihm, weigerte sich, aber der Sklave, sein Freund, bat ihn, die Peitsche zu nehmen. Er zog es vor, von Hud ﷺ geschlagen zu werden, als seinen geliebten Propheten zu verlieren.

So nahm Hud, der Friede sei auf ihm, schließlich die Peitsche und schlug den Sklaven. Doch ganz gleich wie stark oder wie oft der Prophet auch seinen gläubigen Freund schlug, es verletzte diesen nicht und er hatte keine Schmerzen. Auch waren weder Striemen noch irgendein anderes Zeichen am Körper dieses demütigen Sklaven zu sehen, obwohl die Hiebe stark genug waren, einen Mann zu töten. Es war ein Wunder. Das Volk von ´Ad beachtete es aber nicht und änderte sich auch nicht und am Ende sollte sich das Wort Allahs über sie bewahrheiten. Bis es aber dazu kam, lachten die Leute über Hud, der Friede sei auf ihm, und ließen ihn alleine. Sie waren ein anmaßendes und stolzes Volk.

Und es sollte noch viel schlimmer kommen. Als der König eines Tages Hud ﷺ, der Friede sei auf ihm, von dem Paradies erzählen hörte, beschloss er in seiner Hochmut, selbst einen solchen Paradiesgarten zu bauen. Er wollte den Leuten damit zeigen, dass ihr himmlisches Paradies in Wirklichkeit bei ihm auf Erden sei. Zwanzig Jahre lang arbeiteten die Sklaven, um diesen schönen Garten anzulegen, der der ´Garten von Iram´ genannt wurde.

Als der Garten fertig war, wurde der König nur noch hochmütiger und regelrecht bestialisch. Er und sein Volk hielten sich für besser als alle anderen, denn während der Rest Arabiens nur aus trockener Wüste bestand, lebten sie selber im Luxus, in einem Garten voller Früchte.

Als ihr Stolz nun seinen Höhepunkt erreicht hatte, versagte Allah der Erhabene ihnen den Regen. Ganze sieben Jahre lang regnete es nicht. Die Ernten vertrockneten, die Herden verhungerten und die Menschen litten sehr. Nur die Sklaven litten nicht mehr als vorher, denn sie waren es gewohnt, mit wenig auszukommen. Außerdem lebte ihr Prophet Hud, der Friede sei auf ihm, unter ihnen. Das Licht, das von ihm ausging, gab ihnen Kraft und Hoffnung.

Der König von ´Ad ließ seine Leute zu ihren Göttern um Regen beten. Alsbald erschienen am Himmel drei Wolken. Die erste war weiß und eine Stimme in ihr sprach: „Wähle mich, ich werde Schnecken und Skorpione auf euch regnen." Die zweite Wolke war rot und sprach: „Wähle mich, ich werde Feuer auf euch regnen." Und die dritte war schwarz und sprach: „Wähle mich, ich werde einen versengenden Wind auf euch blasen." Außer den Gläubigen konnte jedoch niemand diese Worte vernehmen.

Das Volk von ´Ad wählte die schwarze Wolke, weil es sich sicher war, dass sie wie eine Regenwolke aussah. Hud, der Friede sei auf ihm, bat die Menschen inständig, ihm doch endlich zuzuhören. Sie sollten auf Allah hören, den wahren Gott, der sie erschaffen habe und der sie noch immer retten könne. Aber sie waren sich in ihrer Überheblichkeit so sicher, dass jetzt der Regen kommen würde, um den sie gebetet hatten, daß sie Hud ﷺ fortjagten.

Hud, der Friede sei auf ihm, sammelte die Gläubigen und ging mit ihnen in eine Höhle in den Bergen. Sie verschlossen den Eingang mit Steinen und beteten gemeinsam.

Die schwarze Wolke kam näher und näher. Die Leute, die zu Beginn so glücklich gewesen waren, diese Wolke zu sehen, begannen nun, sich zu fürchten. Und es kam ein versengender Wind auf die Leute von ´Ad herab, der sieben Nächte und sieben Tage lang wehte. Dieser Wind verbrannte ihre Körper und ließ ihren goldenen Besitz dahinschmelzen. Große vogelartige Kreaturen kamen aus den Wolken heraus, die die Leute in Stücke rissen und ihre Paläste von der Erdoberfläche wegpickten, um sie am Ende wie Staubkörner wieder auszuspucken.

Als der Wind sich endlich legte, gab es von dem Volk ´Ad keine Spuren mehr – kein Haus, keinen Palast, nicht einen Baum und nicht einmal einen Grashalm.

Der wunderschöne Garten von Iram aber wurde gerettet, weil die Sklaven, die ihn im Auftrag des Königs angelegt hatten, Gläubige waren. Doch Allah verhüllte ihn und er wird erst am Jüngsten Tage wieder sichtbar werden. Manchmal, so heißt es, verirrt sich mit Allahs Erlaubnis ein Gläubiger, der allein durch die Wüste reist, in diesen schönen Garten. Aber so sehr er sich danach auch bemühen mag - er kann den Garten nie mehr wiederfinden.

Hud ﷺ, der Friede sei auf ihm, sammelte die Gläubigen und verließ die zerstörte Gegend. Sie gingen in Richtung Süden und ließen sich in der Gegend von Mekka nieder, wo Hud, der Friede sei auf ihm, mit einhundertfünfzig Jahren starb. Er wurde in der Nähe des Platzes begraben, wo später die Kaaba errichtet wurde.

Möge Allah Hud ﷺ segnen und ihm Frieden schenken.

Salih, der Friede sei auf ihm

„Diese Kamelin Allahs ist für euch ein Zeichen; darum lasst sie in Allahs Land weiden, und rührt sie nicht in böser Absicht an", (Sure 7, 73)

6

Das Licht geht auf Salih ﷺ über

Zweihundert Jahre nach der Vernichtung des Volkes von ʿAd zogen erneut einige ihrer Nachfahren in Richtung Norden durch Arabien. Es waren kräftige, ungerechte Leute, ebenso wie schon ihre Vorfahren. Ihr Anführer hieß Thamud.

Auf ihrem Weg erreichten sie eines Tages ein friedliches Dorf, dessen Bewohner Essen und Wasser an durchreisende Karawanen zu verteilen pflegten. Die Leute von Thamud interessierte das wenig. Sie töteten alle Männer und nahmen sich deren Frauen. Sie zogen in die Häuser ein und lebten von nun an in diesem Dorf. Wenn Reisende vorbeikamen, töteten sie diese und nahmen all ihren Besitz an sich, anstatt sie zu versorgen und zu bedienen. Die Thamud wurden auf diese Weise sehr reich und mächtig.

Nach einigen Jahren wurde einem der Anführer ein Sohn aus der Linie des Propheten Hud geboren, der Friede sei auf ihm. Sein Licht war von Geburt an so hell, dass es sogar den vergesslichen Leute von Thamud auffi el und sie sehr erstaunt waren. Das Licht Muhammads, Friede und Segen seien auf ihm, strahlte von der Stirn des Neugeborenen, wie wenn die Sonne durch einen Felsenspalt scheint. Sie nannten das Kind Salih ﷺ, weil es freundlich und rechtgeleitet war.

Salih, der Friede sei auf ihm, wurde schon früh in seiner Kindheit zur

Waise. Er wuchs ohne Eltern heran und wurde von seinem Stamm wie ein zukünftiger Anführer erzogen. Doch er war anders als die anderen und die Leute konnten das sehen. Genauso wie Hud ﷺ, der Friede sei auf ihm, fühlte er sich unter den Sklaven mehr zu Hause als inmitten seiner faulen und hartherzigen Verwandten. Er wusste, dass ein Mensch nur so gut ist wie sein Herz, ob er nun große Reichtümer und Macht besitzt oder nicht.

Nach vierzig Jahren erschien Salih ﷺ der Erzengel Djibriil aus einer dichten Wolke heraus, der Friede sei auf ihnen beiden. Er überbrachte Salih ﷺ eine Botschaft von Allah und sprach: „Allah hat dich zum Propheten auserwählt. Es ist ab jetzt deine Aufgabe, unter die Menschen zu gehen, sie zu lehren und ihnen durch dein Beispiel den rechten Weg zu zeigen."

Die Leute von Thamud waren entsetzt darüber, dass ihr zukünftiger König wie ein armer Mann lebte und ein Freund der Sklaven war. Sie betrachteten ihn als vollkommen verrückt. Wie konnte er das, was sein Erbe in diesem Leben sein sollte, einfach so aufgeben? Viele der Armen und Jungen hörten aber Salihs Botschaft zu und folgten ihm, der Friede sei auf ihm. Da aber die meisten der Leute von Thamud gegen ihn waren, baute er eine Moschee in den Bergen, wo er und seine Anhänger in Ruhe und Sicherheit beten konnten.

In einem Jahr versammelte Salih, der Friede sei auf ihm, alle Gläubigen um sich und wandte sich an die Menge der Festgäste des alljährlichen Festivals. Er sprach zu den Leuten über ihren Herrn: „Allah hat euch aus Seinem Lichte erschaffen und Er will nur das Beste für euch. Er hat mich zu euch als Prophet geschickt, um euch zum Guten und zur Freude zu führen." Allmählich begannen die Menschen Salih ﷺ zuzuhören und die Worte des Propheten erschienen ihnen sinnvoll. Seine Rede war so schön, dass sogar die Vergesslichsten unter den Leuten sich langsam wieder daran zu erinnern begannen, wer sie eigentlich waren und woher sie gekommen waren.

Doch leider gab es unter den Thamud neun sehr schlechte Männer. Einer von ihnen verlangte nun von Salih, der Friede sei auf ihm, sein Prophetentum zu beweisen, indem er ihnen ein Wunder vorführe.

Nun, es war noch nie eine gute Idee gewesen, von Gott ein Wunder zu erbitten. Es ist respektlos und beinhaltet die Verpflichtung für diejenigen, die Zeugen des Wunders werden, dann auch an Gott zu glauben. Und so willigte Salih ﷺ, der Friede sei auf ihm, erst nach langem Überreden ein, seinen Herrn um ein Wunder zu bitten.

Für die Leute von Thamud war ein Kamel das Teuerste und am meisten Begehrte. Nur echter Reichtum ermöglichte es einem Menschen, ein Kamel zu besitzen. Das allerbeste Kamel war dabei ein junges, weibliches Tier, das noch viel Nachwuchs bekommen und seinem Besitzer literweise süße Milch bescheren konnte. Die Thamud verlangten also von Allah, ein junges, schönes, weibliches Kamel aus dem großen, wertlosen Felsen herauskommen zu lassen, der in der Nähe ihres Versammlungsplatzes lag.

Salih ﷺ, der Friede sei auf ihm, betete und Allah antwortete seinem Gebet. Der große Felsen spaltete sich wie ein aufspringendes Ei und eine wunderschöne rote Kamelstute kam heraus. Sie war gut gewachsen, schwanger und ihre Euter waren übervoll mit Milch.

Die Leute schnappten nach Luft vor lauter Verwunderung. Die neun schlechten Männer jedoch riefen sofort aus, dass alles nur ein Trick sei, um sie zu blenden. Die Leute waren leicht zu beeinflussen und so hörten sie auf die neun Männer und wandten sich wieder von Salih ab, der Friede sei auf ihm.

Allah der Allmächtige gab ihnen noch eine weitere Chance. Er beauftragte Salih ﷺ, der Friede sei auf ihm, damit, den Leuten zu sagen, dass keine Strafe über sie kommen werde, wenn sie die Kamelstute respektieren und sie frei herumlaufen und trinken lassen würden. Die Leute waren erleichtert und gehorchten für eine Weile. Die Kamelstute brachte ihr Junges zur Welt und hatte so viel Milch, dass die Armen und Hungrigen auch noch einen Anteil davon abbekommen konnten.

Nach kurzer Zeit fingen die Reichen an, sich zu beschweren. Sie behaupteten: „Die Kamelstute von Salih ﷺ trinkt all unser Wasser und frisst unser Gras. Ihre Milch aber geht an die Armen und Nutzlosen. Das können wir nicht länger ertragen!"

Die neun Männer trafen sich und kamen überein, dem Problem ein Ende zu bereiten. Sie beschlossen Salih, der Friede sei auf ihm, und all die anderen Gläubigen nachts im Schlaf zu töten. Dann wollten sie der Kamelstute die Beine abhacken, so daß sie nicht mehr herumlaufen und nach Fressen und Trinken suchen könne und vor Hunger sterben würde.

Salih ﷺ, der Friede sei auf ihm, versammelte auf Befehl Allahs seine Gefährten in der Moschee und ließ sie dort die ganze Nacht verweilen, um zu beten und Allahs zu gedenken. Die neun Männer fanden darum keinen der Gläubigen in ihren Betten vor und konnten also auch niemanden von ihnen umbringen. Das machte sie sehr wütend. Als sie schließlich zumindest die Kamelstute fanden, töteten die Männer sie. Dann suchten sie nach dem Füllen, doch sie konnten es nicht finden. Allah hatte es beschützt, indem Er den Felsen, dem seine Mutter entsprungen war, sich auf Seinen Befehl hin noch einmal gerade so lange öffnen ließ, daß das kleine Kamel darin verschwinden konnte. Danach hatte sich der Felsen für immer verschlossen, ohne auch nur die geringste Spur für dieses Geschehen zu hinterlassen.

Allah riet nun Salih, der Friede sei auf ihm, die Gläubigen zu sammeln und das Land der Thamud zu verlassen. Nachdem sie weg waren, freuten sich die Thamud, weil sie dachten, sie hätten den Sieg über Salih ﷺ errungen, der Friede sei auf ihm., und sie tranken und tanzten bis tief in die Nacht.

Als sie am nächsten Tag erwachten, mussten sie mit Schrecken feststellen, dass ihre Gesichter hellrot geworden waren. Am darauffolgenden Tage wurden ihre Gesichter safrangelb und am dritten Tag pechschwarz. Nun stieg eine schreckliche Angst in ihnen hoch. Als am vierten Tag die Sonne aufging, stieß der Erzengel Djibriil, der Friede sei auf ihm, einen mächtigen Schrei aus. Die Erde begann zu beben und zu schwanken, als ob sie aus Wasser wäre. Drei Tage lang wurden dann die Leute von Thamud über die Erde gefegt, als ob sie trockene Stöckchen auf einem wilden Meer wären. Der Himmel regnete Feuer und die Berge fielen in die Täler.

Als am siebten Tag die Sonne aufging, war kein einziger Stein der vornehmen Häuser der Thamud mehr auf dem anderen und keine Menschenseele war mehr am Leben.

Salih ﷺ, der Friede sei auf ihm, brachte seine Leute in jene Gegend zurück, wo später die Kaaba gebaut werden sollte. Sie ließen sich dort nieder und gründeten eine neue Stadt, in der Salih ﷺ friedlich lebte und zweihundert Jahre alt wurde.

Möge Allah Salih segnen und ihm Frieden schenken.

Ibrahim, der Friede sei auf ihm

Wir sprachen: „Oh Feuer, sei kühl und unschädlich für Ibrahim!"

(Sure 21, 69)

7

Das Licht geht auf Ibrahim ﷻ über

Nachdem der Prophet Salih, der Friede sei auf ihm, gestorben war, verstreute sich sein Volk in ganz Arabien. Die Menschen ließen sich in den Flusstälern im Osten und im Westen nieder, an Euphrat und Tigris und am Nil entlang. Sie errichteten große Städte und waren für lange Zeit stark in ihrem Glauben. Doch wie es die Schwäche der Menschen eben ist - nach und nach vergaßen sie die Lehren ihres Propheten, bis ihre Ignoranz schließlich wieder genauso groß war wie die ihrer Vorväter vor dem Kommen der Propheten.

Am weitesten war das Volk des Königs Nimrod vom guten Wege abgekommen. Die Menschen beteten zu Figuren aus Holz und dienten Nimrod, als ob er ein Gott wäre. Nimrod hielt sich an keinerlei Gesetz und tat alles, zu dem seine teuflischen Begierden ihn verleiteten. So heiratete er jede Frau, die ihm gefiel, ganz gleich, ob sie damit einverstanden war oder nicht und er tötete jeden Mann, der ihm dabei in die Quere kam.

Eines Nachts hatte er jedoch einen schrecklichen Alptraum. Er träumte, dass ein heller Stern vom Himmel fiel und auf seinem Kopf landete. Erschrocken ging er zu seinen Beratern, um seinen Traum deuten zu lassen. Sie kamen darin überein, dass ein Junge geboren werden würde, der ihn vom Thron stoßen würde.

Als Nimrod diese Deutung seines Traumes vernahm, beschloss er, alle schwangeren Frauen einzusperren und jeden innerhalb den nächsten zehn Jahren neugeborenen Jungen zu töten.

Die Menschen waren entsetzt. Viele versuchten ihre Kinder zu verbergen und sie vor Nimrods Wut zu schützen. Und einigen gelang es mit der Hilfe Allahs tatsächlich, ihre Kinder zu retten.

Nimrod hatte einen schon älteren Diener namens Azar. Dieser schnitzte und verkaufte hölzerne Götzenfiguren mit den Gesichtzügen von Nimrod, welche die Leute als Gott anbeteten. Plötzlich wurde Azars Frau trotz ihres hohen Alters schwanger. Azar kannte Nimrods Absichten und als der Tag der Geburt sich näherte, riet er ihr: „Verstecke dich und versuche, unser Baby zu retten!"

Azars Frau floh in die Wildnis. Sie irrte dort umher, als sie plötzlich ein wunderschönes Wesen aus Licht sah, das vom Himmel herabkam. Es war der Erzengel Djibriil, der Friede sei auf ihm. Der Engel führte sie zu einer Höhle. Diese Höhle war wie ein Palast mit Teppichen ausgelegt, mit Kissen dekoriert und voll mit himmlischen Dienern. Dort brachte sie nun ihr Kind, einen Jungen, in Sicherheit zur Welt. Er war sehr hübsch und von seiner Stirn schien ein Licht, das die ganze Höhle erleuchtet und das bis zum Himmel hinauf reichte. Sie nannte ihren Sohn Ibrahim, der Friede sei auf ihm.

Sobald sie sich von der Geburt erholt hatte, brachte Djibriil, der Friede sei auf ihm, sie wieder nach Hause. Von nun an ging sie jede Nacht zu der Höhle und ihrem neugeborenen Sohn Ibrahim ﷺ, der in der Höhle versteckt bleiben sollte.

Eines Nachts war der Eingang der Höhle durch wilde Tiere versperrt. Als die Mutter Ibrahims die Tiere sah, fürchtete sie um das Leben ihres Sohnes. Die Tiere aber sprachen zu ihr und beruhigten sie: „Wir sind nur gekommen, um den Propheten Gottes zu sehen." Und sogleich machten sie ihr Platz und ließen sie eintreten.

Im Inneren der Höhle fand sie ihren Sohn an seinen Fingern saugen. Als sie seine Hand beiseite schob, um ihn zu stillen, entdeckte sie, dass aus seinem Daumen Butter floss, aus seinem Zeigefinger Honig, aus dem Mittelfinger Rosenwasser, aus dem Ringfinger Sirup und aus seinem kleinen Finger Milch. Ibrahim ﷺ wuchs sehr schnell, viel schneller als andere Babys und schon nach kurzer Zeit war er recht groß.

Zehn Jahre lang blieb Ibrahim, der Friede sei auf ihm, in dieser Höhle. Außer zu seiner Mutter, die jede Nacht kam, hatte er keinen Kontakt zu anderen Menschen. Auch kannte er nichts von dieser Welt außer dem Inneren der Höhle.

Eines Tages bat er seine Mutter, die Welt draußen sehen zu dürfen. Seine Mutter gab seinem Wunsch nach und führte ihn aus der Höhle. Die Sterne funkelten am weiten Himmel und Ibrahim, der Friede sei auf ihm, fragte verwundert: „Oh Mutter, was ist das?" Sie antwortete: „Das sind Götter, mein Sohn." Die Menschen waren so unwissend, weil sie ja die Lehren der Propheten wieder vergessen hatten.

Als aber Ibrahim ﷺ sah, wie die Sterne den Himmel durchquerten und hinter den Bergen verschwanden, sagte er: „Sie haben keinen Bestand, sie vergehen. Das können keine Götter sein!"

Als nächstes sah er den hellen Vollmond am Himmel aufsteigen und wieder fragte er seine Mutter, was das sei. Sie antwortete: „Das ist auch ein Gott." Ibrahim ﷺ, der Friede sei auf ihm, beobachtete den Mond, bis er unterzugehen und ebenfalls hinter den Bergen zu verschwinden begann. Da sagte zu seiner Mutter: „Auch das kann nicht Gott sein, wenn er einfach so verschwindet."

Dann erblickte er die Sonne am Horizont. Sie war groß und rot. „Das muss Gott sein", sagte er sich. Den ganzen Tag über beobachtete er die Sonne in ihrem Lauf, bis sie ebenfalls hinter den Bergen verschwunden war. Da wurde Ibrahim, der Friede sei auf ihm, klar, dass seine Eltern und sein Volk sich irrten und sie nichts über Gott wußten. Er wandte nun sein Herz direkt Allah dem Allmächtigen zu und bat Ihn um Hilfe.

Von da an lehrte Djibriil den jungen Ibrahim, der Friede sei auf ihnen beiden, die Wahrheit über alle Dinge. Als Ibrahim ﷺ sechzehn Jahre alt war, waren die Zeiten endlich sicher genug, dass Ibrahims Eltern ihn aus der Höhle und in die Stadt bringen konnten. Sie stellten ihn den Leuten als einen Verwandten vor, der zu Besuch gekommen war.

Ibrahim, der Friede sei auf ihm, lehrte jeden, der in das Geschäft seines Vaters kam, um eine Götzenfigur zu kaufen, die Existenz des einen wahren Gottes Allah. Einige Leute hörten ihm zu, andere aber dachten, daß er verrückt sei. Seine Mutter gehörte zu denen, die ihm glaubten. Sein Vater jedoch wurde sehr zornig auf ihn, weil er seinetwegen immer mehr Verlust bei seinem Geschäft machte.

Eines Tages wurde ein großes Fest für Nimrod gefeiert und alle Leute gingen hin. Bevor aber die Feier begann, gingen alle zum Tempel und brachten den Götzenfiguren aus Holz Opfergaben dar.

Ibrahim, der Friede sei auf ihm, hatte sich von dem Fest ferngehalten. Er faßte den Entschluß, seinem Volk die Nutzlosigkeit ihres Götzendienstes zu beweisen, nahm eine Axt und ging in den Tempel. Dort zerschlug er mit Ausnahme des größten Götzens alle Götzenfi guren in tausend Stücke.

Als die Leute nach einer Weile in den Tempel kamen und sahen, was geschehen war, waren sie entsetzt und fürchteten sich. Sie verdächtigten sofort Ibrahim, der Friede sei auf ihm, und ergriffen ihn. Als sie ihn fragten, beschuldigte Ibrahim ﷺ die größte der Götzenfiguren, die er ja stehen gelassen hatte, die anderen Götzenfiguren zerstört zu haben. Da den Leuten aber klar war, dass die leblose Statue die Axt nicht hatte nehmen können, waren sie verwirrt und Ibrahim ﷺ fragte sie: „Warum dient ihr etwas, was euch weder helfen noch nutzen kann?"

Als Nimrod von dem Vorfall erfuhr, wurde er sehr zornig auf Ibrahim ﷺ, der Friede sei auf ihm, und wollte ihn zur Strafe ins Feuer werfen lassen. Ein riesiger Scheiterhaufen wurde errichtet und Ibrahim ﷺ mitten hineingeworfen. Das Feuer brannte so heiß, dass die Menschen sich noch Meilen davon entfernt vor der Hitze der Flammen schützen mussten.

Die Tiere versuchten Ibrahim, der Friede sei auf ihm, zu schützen. Eine kleine Biene brachte einen Tropfen Wasser in ihrem Munde herbei, um die Flammen zu löschen. Als Dank für ihre Mühe und Freundlichkeit schenkte Allah den Bienen den Honig. Die Vögel und alle wilden Tiere beteten für Ibrahims Rettung und auch die Engel im Himmel flehten Allah an, ihm zu helfen.

Ibrahim, der Friede sei auf ihm, vertraute Allah ganz und gar und war bereit, sich in alles zu ergeben, was Allah für ihn in dieser Situation beschließen würde.

Da erschuf Allah inmitten des brennenden Scheiterhaufens einen Paradiesgarten für Ibrahim ﷺ. Dort saß er nun im Grünen und in der Kühle mehrere Tage lang, bis daß das Feuer ganz heruntergebrannt und erloschen war. Da sahen die Leute durch den Rauch hindurch Ibrahim ﷺ lebendig dasitzen – ins Gebet vertieft, unverletzt und strahlend in seinem Lichte.

Nimrod ließ daraufhin Ibrahim ziehen, der Friede sei auf ihm. Ibrahim ﷺ sammelte die Gläubigen um sich, verließ die fruchtbaren Flussufer seiner Heimat und zog in die Wüste.

Möge Allah Ibrahim segnen und ihm Frieden schenken.

Isma´il, der Friede sei auf ihm

„Oh mein Vater! Tu, was dir befohlen wird. Du wirst mich, so Allah will,

standhaft finden." (Sure 37, 102)

8

Das Licht geht auf Isma´il ﷺ über

Ibrahim, der Friede sei auf ihm, hatte alles zurückgelassen, was ihm sein Vater vermacht hatte: Götzenfiguren, Reichtum und Sicherheit. Er hatte nur seine schöne und gläubige Frau Sara und die anderen gläubigen Menschen mitgenommen. Auch sein Neffe Lut war bei ihm, der Friede sei auf ihm.

Auf den kargen Weiden der ägyptischen Wüste begannen sie nun, Schafe und Ziegen zu halten. Allah beschenkte Ibrahim ﷺ reich und schon bald war er der Besitzer einer riesigen Herde von Tieren.

Eine große Anzahl von Gläubigen folgte Ibrahim ﷺ als ihrem Propheten. Allah ließ die gläubigen Menschen noch zahlreicher werden, indem sie Kinder und Enkelkinder bekamen. Nur Ibrahim, der Friede sei auf ihm, und seine Frau Sara, Allahs Wohlgefallen sei auf ihr, bekamen keine Kinder und wurden allmählich alt.

Eines Tages hatte Sara eine Eingebung. Sie hatte eine Sklavin namens Hadjar, die sie sehr mochte, Allahs Wohlgefallen sei auf ihnen beiden. Der König von Ägypten hatte sie ihr als der Frau des Propheten Ibrahim ﷺ geschenkt. Die kinderlose Sara schlug nun ihrem Mann Ibrahim, der Friede sei auf ihm, vor, diese Sklavin zur Zweitfrau zu nehmen. Hadjar war jung und schön und von den Nachkommen Salihs, der Friede sei auf ihm. Sara hoffte, dass sie Ibrahim ﷺ Kinder schenken und ihre Familie dann vollständig sein würde. Ibrahim ﷺ willigte ein.

Doch schon bald nach der Hochzeit von Ibrahim ﷺ und Hadjar wurde Sara trotz ihrer guten Absicht eifersüchtig. Es kamen plötzlich Gefühle in ihr auf, die sie zuvor nicht gekannt hatte. Tief in ihrem Herzen gönnte sie Hadjar und Ibrahim ﷺ ihr Glück nicht und konnte Hadjar nicht in ihrer Nähe ertragen. Wann immer sie mit ihr zu tun hatte, versuchte Sara darum, Hadjar wehzutun, in der Hoffnung, dass Hadjar davon laufen werde. Aber Allah riet Hadjar, geduldig zu sein und sie lief nicht fort.

Aber Sara wurde immer eifersüchtiger und immer zorniger. Sie stach Löcher in Hadjars Ohren und Nase, was sehr schmerzhaft war. Doch Hadjar blieb standfest. Noch heute schmücken sich übrigens Frauen in Erinnerung an Hajars Geduld mit Ohr- oder Nasenringen.

Ibrahim ﷺ, betete zu Allah mit der Bitte um einen Sohn und versprach, dass er Allah das opfern würde, was er am meisten liebte, wenn Er sein Gebet erhören würde. Schließlich wurde Hadjar tatsächlich schwanger. Sie brachte einen Jungen zur Welt und sie nannten ihn Isma´il, der Friede sei auf ihm. Als Sara das helle Licht sah, das von der Stirn des Neugeborenen strömte, hielt sie es nicht mehr aus. „Bring die beiden weit weg von hier", flehte sie Ibrahim, der Friede sei auf ihm, an. Hadjar wollte nun auch selber fortgehen und Allah erhörte schließlich ihre Gebete.

Ibrahim ﷺ, bekam durch einen Engel den Auftrag, Hadjar und Isma´il auf ein Kamel zu setzen und in die Wüste zu bringen. An der Stelle, an der das Kamel anhalten würde, solle er sie dann zurücklassen.

Ibrahim ﷺ ritt mit Hadjar und Ismail in die Wüste. Das Kamel hielt schließlich an einem öden Platz in den felsigen Hügeln von Tihama. Ibrahim, der Friede sei auf ihm, der Allah, seinem Herrn, immer gehorsam war, küsste seine Frau und seinen kleinen Sohn zum

Abschied. Dann wendete er sich traurig von ihnen ab und ritt fort. Er mußte Hadjar und Ismail an einem Platz zurücklassen, wo es kein einziges Lebewesen gab.

Einige Tage lang lebten Hadjar und Isma´il, der Friede sei auf ihm, von dem Essen und Wasser, das Hadjar mitgenommen hatte. Als die Vorräte aber zur Neige gingen, begann Hadjar, sich Sorgen zu machen. Als Isma´il vor Hunger zu weinen begann, stieg sie auf einen der beiden Hügel in ihrer Nähe, in der Hoffnung, etwas zu Essen oder zu Trinken zu finden, Allahs Wohlgefallen sei auf ihr.

Sechs mal lief sie so zwischen den Hügeln Safa und Marwa hin und her. Beim siebten Mal sah sie Isma´il, der Friede sei auf ihm, der vom Schreien schon ganz blau im Gesicht war, mit seinen kleinen Füßen immer wieder auf den Boden stoßen. An der Stelle, wo seine rechte Ferse auf den Boden schlug, sah der Sand plötzlich dunkel und nass aus. Hadjar lief zu ihrem Sohn, hob ihn hoch und fing an, ein Loch zu graben. Sie formte ein kleines Becken, das sich schnell mit kaltem und süßem Wasser füllte.

Hadjar vernahm eine Stimme, die aus der Quelle kam und sagte: „Dies ist das Wasser Zam-Zam. Wann immer du durstig bist, trinke davon und dein Durst wird gestillt werden. Trinke davon, wenn du hungrig bist, und dein Hunger wird gesättigt werden. Und wenn du je krank bist, trinke ebenfalls davon und deine Krankheit wird geheilt werden." Da trank Hadjar von dem Wasser und gab anschließend Isma´il zu trinken, Allahs Wohlgefallen sei auf ihr und Sein Friede auf ihm.

Für einige Zeit lebten Hadjar und Ismail alleine bei der Zam-Zam Quelle. Eines Tages stieß eine Karawane auf sie, die sich in der Wüste verirrt hatte. Als die Leute von dem Zam-Zam Wasser tranken, wurden alle ihre Leiden geheilt. Da beschlossen sie, bei der wundersamen Quelle und in der Gesellschaft dieser bescheidenen Frau und ihres Kindes zu bleiben. Sie erkannten, dass dieses Kind ein besonderes war, denn seine Stirn leuchtete so hell wie der Vollmond auf stillem Wasser.

Auf diese Weise entstand um Hadjar und Isma´il, der Friede sei auf ihm, herum allmählich eine Stadt, die später Mekka genannt wurde. Und einmal im Jahr kam auch Ibrahim ﷺ nach Mekka, um seine Frau und seinen Sohn zu sehen, der Friede sei auf ihnen.

Einst hatte Ibrahim, der Friede sei auf ihm, Allah, seinem Herrn, in seiner Dankbarkeit versprochen, daß er Ihm das opfern würde, was ihm am liebsten sei. Und ein Prophet muß sein Versprechen halten.

Eines Nachts hatte Ibrahim ﷺ nun den Traum, dass Isma´il, sein über alles geliebter Sohn, dieses Opfer sei, der Friede sei auf ihnen. Siebzig Mal schickte Allah Ibrahim ﷺ den gleichen Traum. Neunundsechzig Mal versuchte Ibrahim ﷺ stattdessen etwas anderes zu opfern - ein Schaf, ein Kamel, ein Pferd oder irgendein anderes Tier. Doch nach dem siebzigsten Traum nahm Ibrahim ﷺ schließlich ein Seil und ein Messer und ging zu Hadjars Haus.

Ibrahim nahm Isma´il auf einem Spaziergang mit, der Friede sei auf ihnen. Sie gingen zusammen durch das Tal von Mina bis zur Ebene von Arafat. Isma´il hüpfte und sprang und spielte an seines Vaters Seite.

Der Verführer Schaitan, der Feind der Propheten und aller Menschen, näherte sich Ismai´l dreimal und flüsterte ihm zu, dass sein Vater vorhabe, ihn zu töten. Dafür hätte er das Seil und das Messer mitgenommen. Aber Ismai´l, der seinen Vater, den Propheten Allahs, liebte und ihm vollkommen vertraute, vertrieb Schaitan jedes Mal, indem er mit Steinen nach ihm warf. Er war sich sicher, dass was immer sein Vater vorhatte, im Einklang mit Allahs Willen war.

Bei einem großen Felsen machten sie Rast.   Ibrahim, der Friede sei auf ihm, erzählte nun seinem kleinen Sohn von seinem Traum und Isma'il, der Friede sei auf ihm, sagte: „Vater, binde meine Hände, damit ich mich nicht plötzlich wehre. Bedecke mein Gesicht, so dass wir einander nicht sehen können und drehe mich um, damit dein Herz nicht zerbricht, wenn du mich ansiehst." Ibrahim ﷺ tat all das. Dann nahm er sich ein Herz und wollte Isma'il opfern. Aber siebzig Mal setzte er das Messer an und jedes Mal schnitt es nicht, obwohl er es so scharf geschliffen hatte, daß es den Felsen spaltete, auf den er es schließlich verärgert warf. Ibrahim ﷺ wußte nicht mehr, wie er sein Gelübde erfüllen konnte.

Da erlöste Allah Ibrahim, der Friede sei auf ihm. Er schickte ihm ein Schaf aus dem Himmel, daß er anstelle seines Sohnes opfern sollte und Ibrahim ﷺ tat es.

Ibrahim ﷺ hatte nun sein Versprechen gehalten und eine große Prüfung bestanden. Kein Prophet vor ihm und keiner nach ihm wurde je auf die Weise geprüft wie Ibrahim, der Friede sei auf ihm.

Wir sind alle von Allah dazu aufgerufen, an den Gehorsam von Ibrahim ﷺ und Isma'il zu denken, wenn wir bei dem Fest 'Id-al-Adha nach der Pilgerfahrt ein Schaf schlachten.

Später zeigte der Herr Ibrahim und Isma'il, der Friede sei auf ihnen, wie sie Sein heiliges Haus auf Erden, die Kaaba, wieder aufbauen sollten. Die Kaaba ist ein Abbild des heiligen Hauses 'Baitullah' im Paradies. Zur Zeit von Adam, der Friede sei auf ihm, stand dieses erste Gotteshaus in Mekka, in Arabien, dort, wo sich auch heute noch die Kaaba befi ndet. Die Sintfl ut von Nuh, der Friede sei auf ihm, hatte das Gotteshaus aber dann zerstört und der Ort war in Vergessenheit geraten.

Der Erzengel Djibriil kam und zeigte Ibrahim ﷺ und Isma'il als erstes die Stelle, an der sie bauen sollten, indem er mit seinen Flügeln einen Schatten auf den heiligen Bezirk warf. Dann lehrte der Engel sie den Wiederaufbau der Kaaba, der Friede sei auf ihnen allen.

Als die Kaaba fast fertig war, brachte Djibriil den ´Schwarzen Stein´, den sie in eine Ecke des Hauses Allahs einsetzen sollten. Dieser Stein stammte aus dem Paradies und war ursprünglich weiß. Durch die Sünden der Menschen wurde er aber im Laufe der Zeit schwarz und wurde schließlich ´Schwarzer Stein´ genannt. Dieser Stein war das einzige Stück des ursprünglichen Gotteshauses, das nach der Sintflut auf der Erde übrig geblieben war. Über viele Jahrhunderte war er tief im Inneren des Berges Qubay nahe bei Mekka verborgen gewesen. Dieser Berg ist deshalb ein besonderer Berg. Er wurde schließlich noch geehrter, als das heilige Haus mit Steinen aus diesem Berg wieder errichtet wurde.

Als die Kaaba fertig war, lehrte Ibrahim ﷺ seinen Sohn Isma´il bei, der Friede sei auf ihnen, wie die Pilgerfahrt zu verrichten war. Dann rief Ibrahim ﷺ von allen Ecken der Kaaba aus den unsichtbaren Menschen der Zukunft zu, herbeizukommen und die Pilgerfahrt zu verrichten. Anschließend vollzog er die Pilgerfahrt. Und bis heute folgen die Menschen dem Rufe Ibrahims, der Friede sei auf ihm. Sie kommen aus allen Himmelsrichtungen der Erde und rufen alle im Sprechgesang: „Labbaik, Allahumma, labbaik! Ich komme, oh mein Herr, hier bin ich."

Als Isma´il, der Friede sei auf ihm, das Mannesalter erreicht hatte, heiratete er ein gläubiges Mädchen desjenigen Stammes, der sich einst in der Nähe der Zam-Zam Quelle niedergelassen hatte. Sie hatten zusammen viele gute Söhne und zahlreiche Enkelsöhne, die das Licht Muhammads, Friede und Segen seien auf ihm, weitertrugen. Aber keiner dieser Nachkommen Ismai´ls wurde ein großer Prophet. Erst sehr viele Jahrhunderte später sollte in Mekka, der Stadt des heiligen Hauses Allahs, einer der Nachkommen

Ismai´ls Vater Muhammads werden, desjenigen Propheten, für den das Licht letztendlich bestimmt war, Friede und Segen Allahs seien auf ihm.

Möge Allah Isma´il segnen und ihm Frieden schenken.

Lut, der Friede sei auf ihm

„Und als Unser Befehl ergangen war, kehrten Wir in dieser (Stadt) das Oberste zuunterst und ließen auf sie Backsteine hageldicht nieder regnen,"

(Sure 11, 82)

9

Das Licht geht
auf Lut ﷺ über

Ibrahim, der Friede sei auf ihm, hatte einst dem Lande Nimrods den Rücken gekehrt, seine Eltern und sein Zuhause verlassen und war gemeinsam mit den Gläubigen in die Wüste gegangen. Unter diesen Gläubigen war auch sein Neffe Lut gewesen, der Friede sei auf ihm. Die Gläubigen hatten alles Bekannte hinter sich gelassen und vertrauten alleine auf Allah, dass Er sie versorgen und leiten würde. Sie hatten die Gesellschaft der Ungläubigen verlassen, um ihren Gottesdienst in der Art und Weise verrichten zu können, von der sie wussten, dass sie die richtige war. Und Allah der Allmächtige mehrte für sie alle guten Dinge, sowohl in der materiellen wie auch in der spirituellen Welt.

Eines Tages bemerkte Ibrahim, der Friede sei auf ihm, in Luts Gesicht eine große Veränderung. Von seiner Stirn schien ein Licht wie der klare Widerschein des Mondes auf stillem Wasser. Als Ibrahim ﷺ seinen Neffen danach fragte, vertraute Lut ihm an, dass Djibriil, der Friede sei auf ihm, ihn in der Nacht zuvor besucht hätte. Er hätte ihm die Botschaft verkündet, dass Allah ihn zu einem Seiner Propheten auserwählt habe.

Zu jener Zeit wurden Propheten nur jeweils zu einem bestimmten Volk gesandt, um es auf den rechten Weg zu führen. Und so hat Allah der Allmächtige einem jeden Volke einen Propheten geschickt, der in besonderer Weise zu diesem Volk passt. Lut, der Friede sei auf ihm, wurde nun damit beauftragt, seinen Onkel Ibrahim ﷺ zu verlassen und Richtung Norden zu reisen, in die Gegend dreier Städte nahe bei Jerusalem.

Die Bewohner dieser drei Städte waren in dem Maße unwissend und voller Dunkelheit, wie Lut ﷺ rechtgeleitet und voller Licht war, der Friede sei auf ihm. Die Männer nahmen sich lieber andere Männer zu Partnern als Frauen. Sie ließen die Mädchen unverheiratet und vergriffen sich an den Jungen. Was im Sinne Allahs war - die Hochzeit von Mann und Frau - verhöhnten sie und was nicht in Allahs Sinne war verherrlichten sie. Kein anderer Prophet war je zu solch fehlgeleiteten, unerzogenen und verwirrten Leuten geschickt worden wie Lut ﷺ.

In diese Gegend war Lut, der Friede sei auf ihm, alleine gegangen, ohne Frau und Familie, ohne Freund oder Helfer. Er ließ sich bei seinem neuen Volk nieder und nahm eine ihrer Töchter zur Frau, die ihm vier Kinder gebar. Lut ﷺ baute sich ein Haus und betrieb Ackerbau.

Lut ﷺ war der beste Ehemann und der beste Nachbar, den man haben konnte, aber die Leute lernten nichts von seinem guten Beispiel und nicht einmal seine Frau nahm seinen Glauben an. Gut und schlecht war bei diesen Leuten vertauscht. Ganz gleich, was Lut ﷺ tat oder sagte, sie wendeten sich von ihm ab und machten auf ihre verletzende Art und Weise weiter.

Lut, der Friede sei auf ihm, ging in seiner Verzweifl ung oft zu seinem Onkel Ibrahim, der Friede sei auf ihm. Der hörte dann seinem Neffen zu, gab ihm geduldig Rat und schickte ihn zu seinem Volk zurück.

Eines Tages kamen drei Reisende an Luts Haus vorbei, der Friede sei auf ihm. Sie hatten ihren Weg verloren und suchten eine Unterkunft für die Nacht. In Wahrheit waren sie Engel, die gerade von einem Besuch bei Luts Onkel Ibrahim, der Friede sei auf ihm, kamen, doch erschienen sie in der Gestalt junger hübscher Männer. Lut ﷺ bangte um die Sicherheit dieser

Schutzlosen. Er fürchtete, dass, wenn die Bewohner der Städte sie sehen würden, sie die drei Reisenden gefangen nehmen und bestehlen würden oder gar Schlimmeres mit ihnen anstellen würden und dass er nicht stark genug sein würde, sie vor ihnen zu beschützen.

Lut, der Friede sei auf ihm, verbarg die jungen Männer in seinem Haus. Doch seine Frau entdeckte und verriet sie. Bald versammelten sich grobe Kerle aus der Stadt vor Luts Haus und schlugen gegen die Türe. „Gib uns die hübschen Jungen", schrieen sie.

Lut ﷺ, der Friede sei auf ihm, flehte sie an, seine Gäste in Ruhe zu lassen, aber die Leute kannten keine Scham und keine Barmherzigkeit. Lut ﷺ bot ihnen sogar zur Ablenkung seine vier reizenden Töchter zur Heirat an, damit sie von den Fremden abließen. Doch sie lachten Lut ﷺ nur aus und drohten ihm, sich mit Gewalt zu nehmen, was sie wollten.

Da gaben sich die drei jungen Männer Lut ﷺ endlich als Engel zu erkennen. Sie erklärten ihm, dass sie gekommen waren, um den verderbten Städten Allahs Strafe zu bringen. Sie befahlen dem Propheten, seine Familie und die wenigen gläubigen Männer und Frauen zu sammeln und sofort diese Städte zu verlassen. Dabei sollten sie sich keinesfalls umsehen, warnten sie Lut ﷺ, sonst würde Allahs Zorn und Vernichtung auch über sie kommen.

Lut, der Friede sei auf ihm, tat, wie ihm befohlen wurde. Aus Barmherzigkeit nahm er aber auch seine Frau mit.

Als die kleine Gemeinschaft die Hügel über der Stadt erreicht hatte, vernahmen sie ein schreckliches Geräusch, woraufhin sich die Luft mit Rauch füllte. Luts ungläubige Frau schaute sich in Wehmut nach ihren Leuten um. Da wurde sie von einem brennenden Kohlestück aus der Hölle getroffen und wurde augenblicklich zu Stein. Die Gläubigen aber hielten sich an den Rat der Engel, blickten sich nicht um und liefen schnell auf ihrem Weg weiter, der sie in Sicherheit brachte.

Auf die Ungläubigen ließ Allah es brennende Kohlestücke regnen, die direkt aus dem Höllenfeuer kamen. Auf jedem Stückchen Kohle stand der Name dessen, der damit bestraft werden sollte und so starben die verderbten Menschen einen qualvollen Tod. Der Himmel glühte rot, bis er von dem Rauch des Feuerbrandes ganz verdeckt war.

Dann drehten die Engel die drei Städte ganz und gar um und vergruben sie im Wüstensand. Die Gegend, in der sie zuvor gelegen hatten, füllte sich mit Wasser. Die Steine der Hölle lösten sich darin auf und machten den großen See so bitter und salzig, dass nichts Lebendiges mehr weder in ihm noch in seiner Nähe gedeihen oder überleben konnte. Es war ein Ort der Strafe Allahs. Dieser See wurde das ´Tote Meer´ genannt und ist bis heute ohne jegliches Leben. Lut, der Friede sei auf ihm, seine Töchter und die übrigen Gläubigen ließen die Städte weit hinter sich und taten sich mit anderen gläubigen Menschen zusammen, um ihr Leben in Frieden und Dankbarkeit führen zu können.

Möge Allah Lut segnen und ihm Frieden schenken.

Ishaq, der Friede sei auf ihm

… „Fürchte dich nicht! Siehe Wir verheißen dir einen klugen Sohn."

(Sure 15, 53)

10

Das Licht geht auf Ishaq ﷺ über

Die Engel in Gestalt dreier anmutiger junger Männer hatten dem Propheten Ibrahim ﷺ die Nachricht von der bevorstehenden Strafe Allahs für die drei Städte schon überbracht, als sie Ibrahims Neffen, dem Propheten Lut, erschienen, der Friede sei auf ihnen beiden. Und das kam so.

Ibrahim, der Friede sei auf ihm, erwarb sich seinen Lebensunterhalt durch den Handel mit Getreide, Oliven und vielen anderen Sorten von Lebensmitteln. Er hatte große Herden von Schafen, Ziegen und Kamelen. Er und seine Familie wohnten in sehr schönen weiträumigen Zelten, die mit bunten Teppichen ausgelegt waren. Zahlreiche Menschen kamen aus allen Himmelsrichtungen, um ihm zu folgen und er hatte viele Freunde.

Dermaßen reich beschenkt von seinem Herrn war Ibrahim, der Friede sei auf ihm, äußerst großzügig und die Gäste, die oft von weither kamen, genossen seine Gastfreundschaft. Weit und breit gab es niemanden, dessen Freundlichkeit und Großzügigkeit bekannter war als die Ibrahims. Er hätte sich nie zum Abendessen niedergelassen, ohne sein Mahl mit zumindest einem Gast zu teilen. Für gewöhnlich hatte Ibrahim ﷺ aber viele Gäste.

Eines Abends standen die drei Engel in Gestalt von Reisenden vor Ibrahims Türe, der Friede sei auf ihm, der sie nicht als Engel erkannte aber sie sogleich einlud, seine Gäste zu sein. Sie nahmen seine Einladung gerne an, lehnten aber seine Speisen und Getränke ab. So süß und schmackhaft die Speisen auch waren, die man ihnen vorsetzte, sie nahmen nicht einen einzigen Bissen davon zu sich. Ibrahim, der Friede sei auf ihm, fürchtete sich vor den drei Männern und fragte sich, ob sie wohl irgendwelche schlechten Absichten ihm gegenüber hatten, da sie sein Essen nicht mit ihm teilen wollten.

Da gaben sich ihm die Engel zu erkennen. Sie hätten keine schlechten Absichten, äßen aber kein Brot und Fleisch wie die Kinder Adams. Allah der Allmächtige hätte sie zu ihm geschickt, um ihm und seiner Frau Sara ﷺ die baldige Geburt eines Sohnes anzukündigen.

Nun war Ibrahim, der Friede sei auf ihm, bereits hundert Jahre alt und Sara, Allahs Wohlgefallen sei auf ihr, weit über achtzig. Sie hatte nie Kinder bekommen und alle Hoffnung längst aufgegeben und so lachte sie ungläubig, als sie diese wunderliche Nachricht hörte. Doch neun Monate später gebar Sara ﷺ tatsächlich einen Jungen. Sie nannten ihn ʿIshaq ﷺ, was wörtlich übersetzt „sie lachte" bedeutete.   Sara ﷺ und Ibrahim ﷺ waren überglücklich. Das Licht Muhammads, Friede und Segen seien auf ihm, leuchtete hell auf der Stirn Ishaqs wie ein großer Stern in der Dunkelheit.

Ishaq ﷺ wuchs zum Manne heran und sah seinem Vater Ibrahim ﷺ sehr ähnlich, der Friede sei auf ihnen beiden. Zu jener Zeit gab es noch keine Zeichen des Alters wie beispielsweise graue Haare und so konnten die Menschen Vater und Sohn kaum auseinanderhalten. Da schenkte Allah der Allmächtige Ibrahim ﷺ als Zeichen der Würde und Ehre und zur Unterscheidung von Ishaq ﷺ graue Haare.

Ishaq, der Friede sei auf ihm, heiratete ein gläubiges Mädchen namens Rifqa, Allahs Wohlgefallen sei auf ihr. Gemeinsam hüteten sie die Herden Ibrahims und als Ibrahim ﷺ starb, führten sein Gästehaus weiter. Allah schenkte ihnen großen Reichtum und viele Gefährten. Jedes Jahr unternahmen sie die Pilgerfahrt nach Mekka und besuchten dabei Isma´il und seine Familie, der Friede sei auf ihm.

Der älteste Sohn Ishaqs und Rifqas heiratete später seine Cousine, die Tochter Isma´ils.

Rifqa, Allahs Wohlgefallen sei auf ihr, bekam noch zwei weitere Söhne. Es waren Zwillinge. Schon als sie noch im Bauch ihrer Mutter waren, hörte man die Jungen laut miteinander diskutieren. Der Erstgeborene war groß und stark. Sie nannten in As und er war der Lieblingssohn seines Vaters Ishaq ﷺ, der Friede sei auf ihm. Der Zweitgeborene war schlank und sanft. Er wurde Ya´qub genannt und war der Liebling seiner Mutter Rifqa, der Friede sei auch auf ihm.

Die Jungen wuchsen heran und blieben in ihrem Charakter so gegensätzlich, wie sie es schon bei ihrer Geburt gewesen waren. As, der Friede sei auf ihm, war ein Kämpfer und Jäger, mutig und furchtlos. Er jagte Löwen in der Wildnis und zähmte sie. Seine Gestalt war groß und sein Körper dicht mit Haaren bedeckt. Ya´qub dagegen, der Friede sei auf ihm, war ein Schäfer. Er verbrachte seine Tage damit, die Schafe vor Wölfen zu schützen und meditierte über die Wunder Allahs. Seine Natur war mild und er war von kleiner Gestalt. Ishaq, der Friede sei auf ihm, war alt geworden und fast blind. Als er im Sterben lag, bat er seine Frau Rifqa, seinen erstgeborenen Sohn As zu ihm zu bringen. Er wolle ihn segnen und ihm die Bundeslade und die Gabe der Prophetenehre übergeben. Aber Rifqa, Allahs Wohlgefallen sei auf ihr, wünschte sich dies für ihren Lieblingssohn Ya´qub. So rief sie ihn herbei und riet ihm: „Oh, mein Sohn, schlachte schnell ein Schaf, koche das Fleisch und bringe die Speise deinem Vater. Ziehe dir aber vorher das Fell des Schafes über. Wenn dein Vater dich dann berührt und die vielen Haare an dir fühlt, wird er dich für deinen Bruder As halten!" Ya´qub, der Friede sei auf ihm, gehorchte ihr.

Als Ishaq ﷺ nun Ya´qub umarmte und das Fell fühlte, dachte er tatsächlich, es sei As, sein Erstgeborener, der Friede sei auf ihnen allen. Er aß etwas von dem Fleisch und legte anschließend seine Hand auf Ya´qubs Kopf. Er segnete ihn mit den Segnungen, die er eigentlich seinem Sohn As zugedacht hatte: daß er der Vater einer langen Prophetenlinie werden solle.

Und sein Gebet sollte wahr werden. Alle zukünftigen Propheten waren Nachfahren von Ishaq, der Friede sei auf ihm, mit Ausnahme des letzten der Propheten Muhammad Mustafas, Friede und Segen seien auf ihm.

Nachdem der Segen ausgesprochen war, nahm Rifqa, Allahs Wohlgefallen sei auf ihr, Yaqub ﷺ schnell beiseite und riet ihm: „Fliehe, mein Sohn, und verstecke dich. Denn wenn dein Bruder As die Sache entdeckt, wird er dich umbringen wollen!" Ya´qub, der Friede sei auf ihm, hörte auf seine Mutter und brach sofort auf. Er schlug den Weg zu Verwandten weit im Süden ein. Zu seinem Schutze reiste er nur bei Nacht und versteckte sich am Tage.

Als As, der Friede sei auf ihm, am Abend zurückkam, mußte er erkennen, dass sein väterliches Erbe gestohlen worden war. Ishaq, der Friede sei auf ihm, hatte aber noch den Segen für seinen zweitgeborenen Sohn übrig und wollte ihm diesen geben, doch in seiner unendlichen Wut lehnte As diesen Segen ab. Er schwor, dass er seinen Bruder umbringen und sich zurückholen würde, was er für sein eigentliches Erbe hielt.

Doch er war im Unrecht. Kein noch so reiner und unschuldiger Mensch kann ohne den Willen Allahs etwas so Großes wie die Prophetenehre stehlen. Ya´qub, der Friede sei auf ihm, war also immer schon derjenige gewesen, für den Allah die Prophetenehre vorgesehen hatte, auch wenn er der Zweitgeborene war.

Möge Allah Ishaq segnen und im Frieden schenken.

Ya´qub, der Friede sei auf ihm

Und er kehrte ihnen den Rücken zu und sprach: „Oh, mein Kummer um

Joseph!" (Sure 12, 84)

II

Das Licht geht auf Ya´qub ﷺ über

Das Licht schien nun auf Ya´qubs Stirn genauso wie auf der Stirn seines Vaters, der Friede sei auf ihnen beiden.

Yaqub ﷺ floh vor der Rache seines Bruders As in die Wüste. Tagsüber versteckte er sich unter Felsvorsprüngen oder in Felsspalten und bei Nacht reiste er. Die Nachtreise wird im Arabischen mit Isra bezeichnet und so erhielt Ya´qub später den Beinamen „Israil". Seine Kinder und Kindeskinder wurden „Banu Israil" genannt, was bedeutete: „die Kinder dessen, der in der Nacht reist".

Ya´qub, der Friede sei auf ihm, hatte den Weg zu seinem Onkel in Midian eingeschlagen. Als er schließlich heil angekommen war, sah er an einem Brunnen nahe des Zeltes seines Onkels ein junges Mädchen Wasser schöpfen. Und obwohl sie noch sehr jung war, verliebte sich Yaqub ﷺ sofort in sie. Sie hieß Rahil, Allahs Wohlgefallen sei auf ihr, und sie war die Tochter seines Onkels. Ya´qub, der Friede sei auf ihm, bat seinen Onkel um die Hand seiner Tochter. Sein Onkel war einverstanden unter der Bedingung, dass Ya´qub ihm zuvor sieben Jahre lang dienen würde. Danach dürfe er Rahil heiraten.

Ya´qub, der Friede sei auf ihm, nahm die Bedingung an und arbeitete von nun an für seinen Onkel. Als die sieben Jahre vorüber waren, verheiratete der Onkel Ya´qub schließlich mit seiner Tochter.

Als Yaqub ﷺ aber nach der Vermählung den Hochzeitsschleier lüftete, sah er, dass er mit der älteren Tochter seines Onkels Leah verheiratet worden war und nicht mit Rahil, Allahs Wohlgefallen sei auf ihnen beiden. Zu jener Zeit war es einem Mann erlaubt, Frauen zu heiraten, die Schwestern waren. Er mußte aber in jedem Falle zuerst die ältere Schwester heiraten. Ya´qub, der Friede sei auf ihm, der eigentlich Rahil hatte heiraten wollen, arbeitete also noch weitere sieben Jahre für seinen Onkel und dann wurde Rahil endlich seine Frau.

Ya´qub, der Friede sei auf ihm, hatte elf Söhne und auch viele Töchter. Von allen diesen Kindern liebte er aber seinen Sohn Yusuf ﷺ am meisten. Yusuf ﷺ war der Sohn von Rahil und das Licht Muhammads, Friede und Segen seien auf ihm, leuchtete auf seiner Stirn wie der Morgenstern. Die anderen Söhne hatten auch viel Licht, doch das Licht Yusufs strahlte am stärksten, der Friede sei auf ihm.

Nach einiger Zeit erhielt Ya´qub, der Friede sei auf ihm, die Nachricht vom Tode seines Vaters Ishaq und seiner Mutter Rifqa, Allahs Friede sei auf ihm und Sein Wohlgefallen sei mit ihr. Da wollte Ya´qub unbedingt ihr Grab besuchen und ihnen die letzte Ehre erweisen. Er schlug seine Zelte ab, trieb seine Herden zusammen und brach mit der gesamten Familie in Richtung Heimat auf. Obwohl ihm bewusst war, dass es seinen Bruder As, der Friede sei auf ihm, wahrscheinlich immer noch nach Rache dürstete, hielt ihn dies nicht davon ab, seine Reise anzutreten.

Der Weg in die alte Heimat war lang und beschwerlich. Yaqubs geliebte Frau Rahil, die bei ihrem Aufbruch bereits hochschwanger gewesen war, bekam Wehen und gebar ihren zweiten Sohn Benjamin, der Friede sei auf ihm. Doch Rahil überlebte die Geburt nicht und starb. Ya´qub, der Friede sei auf ihm, setzte trotz dieses weiteren Schicksalsschlages seine Reise fort. Als das Land seines Bruders As in Sichtweite kam, befahl Ya´qub seinen Söhnen, daß sie einer nach dem anderen ihm vorausgehen und nach seinem Bruder As, der Friede sei auf ihm, suchen sollten. Sobald sie ihn gefunden hätten, sollten sie ihm sagen: „Ich bin das Kind eines Sklaven, der von seinem Herrn weggelaufen ist und der jetzt mit der Bitte um Vergebung zurückkehren will." Die Söhne Ya´qubs, der Friede sei auf ihm, betraten also einer nach dem anderen das Land ihres Onkels und fragten sich bis zu ihm durch. Als As ihnen Fragen nach ihrer Herkunft und ihren Absichten stellte, antworteten sie alle, wie ihr Vater es ihnen aufgetragen hatte. As, der Friede sei auf ihm, war zunächst verwirrt. Doch dann verstand er die Botschaft und begriff, dass sein Bruder auf dem Weg zu ihm war und sein Verlangen nach Rache erwachte wieder in seinem Herzen.

Da aber jeder Sohn seines Bruders Ya´qubs auch einen Gruß des Friedens überbrachte, ließ die Wut von As immer mehr nach, bis sie schließlich ganz verschwunden war. Der Friede sei auf ihnen.

Als Ya´qub nun als letzter auf seinen Bruder zukam, lief As ihm voller Freude entgegen. Er hatte seinem Bruder von ganzem Herzen vergeben und hatte eingesehen, dass das Erbe ihres Vaters mit göttlichem Willem auf Ya´qub übergegangen war und nicht aufgrund einer menschlichen List.

Und so beugte sich As dem Willen Allahs. Er hieß seinen Bruder Ya´qub willkommen, der Friede sei auf ihnen beiden, und teilte mit ihm alles, was er besaß. Ya´qub hatte auf seiner Reise seine geliebte Frau Rahil verloren, doch dafür schenkte ihm Allah nun einen Bruder, der ihn nach so vielen Jahren nun aufrichtig liebte.

Ya´qub, der Friede sei auf ihm, blieb im Land seines Vaters und zog seine Kinder groß. Zehn seiner Söhne wuchsen zu starken Männern heran. Sie hüteten die Tiere und zogen jeden Tag mit ihnen auf die Weiden. Sein Sohn

Yusuf ﷺ, der Friede sei auf ihm, war der zweitjüngste und Ya´qub behielt ihn stets bei sich zu Hause. Auf diese Weise hatte er immer ein Auge auf ihn und konnte sich an seiner Schönheit und an dem wundersamen Lichte erfreuen, das von ihm ausging.

Yusufs ältere Brüder wurden bald eifersüchtig. Sie beneideten ihren jüngeren Bruder um die große Liebe, die ihr Vater für ihn hatte. Ein Herz, dass neidisch ist, ist aber für Schaitan weit offen. So dauerte es auch nicht lange, bis sich die Brüder einen Plan ausdachten, wie sie Yusuf ﷺ ein für allemal loswerden konnten, der Friede sei auf ihm.

Eines Tages gingen sie also zu ihrem Vater und baten ihn, Yusuf ﷺ mit ihnen gehen zu lassen, damit er auf den Weiden spielen könne. Ya´qub, der Friede sei auf ihm, hatte anfänglich Bedenken, doch mit viel Überredungskunst gelang es Yusufs Brüdern Ya´qub zu überreden und so ließ er Yusuf ﷺ mit ihnen gehen, der Friede sei auf ihnen beiden.

Sogleich gingen die Brüder los. Als sie auf den Weiden ankamen und außerhalb von Ya´qubs Blickweite waren, fielen die Brüder über Yusuf ﷺ her. Sie rissen ihm die Kleider vom Leibe und warfen ihn in einen tiefen Brunnen. Djibriil, der Friede sei auf ihm, fing ihn auf den Befehl Allahs hin unten auf, so dass ihm nichts geschah.

Yusufs Brüder, der Friede sei auf ihm, nahmen sein Hemd und tränkten es mit dem Blut eines Vogels, den sie zuvor getötet hatten. Dann liefen sie zu Ya´qub, der Friede sei auf ihm. Sie erzählten ihm, sie hätten Yusuf ﷺ nur für ein paar Minuten unbeaufsichtigt gelassen. Jedoch wäre das wohl lange genug gewesen, daß ein Wolf von den Hügeln hatte herunterkommen können, der ihn dann wohl aufgefressen hatte.

Ya´qub wusste, dass sie logen, aber er wusste auch, dass Yusuf ﷺ auf das Geheiß Allahs hin hatte gehen müssen, der Friede sei auf ihnen. Er weinte aus Sorge und aus Sehnsucht nach ihm.

Die Brüder wollten Yusuf ﷺ zwar lossein, hatten aber nicht vor, ihn umzubringen. Und so gingen sie jeden Tag zum Brunnen und brachten ihm eine Kleinigkeit zu Essen. Dies taten sie so lange, bis eines Tages eine Karawane am Brunnen Halt machte. Die Leute wollten Wasser aus dem Brunnen schöpfen und entdeckten dabei einen sehr hübschen Jungen. Als sie Yusuf ﷺ, der Friede sei auf ihm, aus dem Brunnen befreiten, war es, als ob die Sonne über den Bergen aufginge. Auch Yusufs Brüder sahen dieses Licht über den Bergen in der Ferne und wussten nun, dass er nicht mehr im Brunnen gefangen war. Die Männer der Karawane nahmen Yusuf ﷺ mit sich, um ihn auf dem nächsten Markt als Sklave zu verkaufen.

Möge Allah Ya´qub segnen und ihm Frieden schenken.

Yusuf, der Friede sei auf ihm

Er sprach: „Kein Vorwurf treffe euch heute! Allah möge euch verzeihen. Er ist ja der Barmherzigste der Erbarmer." (Sure 12, 92)

12

Das Licht geht auf Yusuf ﷺ über

Die Sklavenhändler wussten, dass sie einen Schatz gehoben hatten, als sie Yusuf ﷺ aus dem Brunnen zogen, der Friede sei auf ihm. Niemals zuvor hatten sie einen so schönen und gut gewachsenen Jungen gesehen. Licht umgab ihn so, wie der Hof der Sonne diese umgibt. Es heißt, dass Allah Yusuf ﷺ neunzig Prozent der Schönheit geschenkt hatte, die Er in der gesamten Schöpfung verteilt hatte.

Die Sklavenhändler beschlossen, Yusuf ﷺ mit nach Ägypten zu nehmen, wo sie den besten Erlös für ihn zu erzielen hofften, der Friede sei auf ihm. Sie badeten ihn und zogen ihm schöne Kleider an. In Ägypten boten sie ihn dann auf dem Sklavenmarkt zum Kauf an.

Auf den Sklavenmarkt kamen immer viele Leute. An diesem Tage war sogar der König von Ägypten selber dort. Als er Yusuf ﷺ sah, der Friede sei auf ihm, fand er gleich Gefallen an ihm und beschloss, diesen Jungen für seine Frau Zulaika zu kaufen, Allahs Wohlgefallen sei auf ihr. Sollte der Junge ihr ebenfalls gefallen, dann würde er ihn adoptieren, denn der König und Seine Frau hatten keine eigenen Kinder. Er bezahlte Yusufs Gewicht in Gold und nahm ihn mit nach Hause.

Als sie im Palast ankamen und Zukaika Yusuf ﷺ sah, musste sie tief

Luft holen. Denn als kleines Mädchen hatte sie einst einen Traum von genau diesem Jungen gehabt und ihn seitdem geliebt. Auch als ihre Eltern sie gegen ihren Willen dem schon alternden König von Ägypten zur Frau gaben, bewahrte sie die Liebe zu Yusuf, der Friede sei auf ihm, tief in ihrem Herzen. Und nun stand er direkt vor ihr; ein Junge, der vielleicht ihr Adoptivsohn werden würde. Sie ging auf ihr Zimmer und weinte sehr, denn es war ihr klar, daß sie an dieser Situation erst einmal nichts ändern konnte. Und sie beschloss, ihre Gefühle für sich zu behalten und abzuwarten.

Der König und Zulaika adoptieren Yusuf ﷺ nicht. Dennoch wuchs er in ihrem Haus und unter den liebenden Blicken von Zulaika auf, als wäre er ihr eigenes Kind. Als er aber zu einem hübschen jungen Mann herangewachsen war, konnte sie sich nicht länger zurückhalten. Eines Tages näherte sie sich ihm nicht wie eine Mutter, sondern wie eine Geliebte, so, wie sie in ihrem Herzen ihm gegenüber empfand.

Zulaika war eine sehr schöne Frau und Yusuf, der Friede sei auf ihm, fürchtete sich sehr, etwas Verbotenes zu tun. Also lief er vor ihr weg, doch sie griff nach seinem Hemd, um ihn zurückzuhalten. Da zerriß das Hemd.

In genau diesem Moment kam Zulaikas Ehemann an ihrer Türe vorbei und er hörte das Gerangel. Er betrat Zulaikas Zimmer und fand sie gemeinsam mit Yusuf ﷺ vor, der Friede sei auf ihm. Er sah, was geschehen war und verlangte eine Erklärung. Zulaika, Allahs Wohlgefallen sei auf ihr, versuchte, alles auf Yusuf ﷺ zu schieben, aber der König glaubte ihr nicht. Einer seiner Diener riet ihm schließlich, sich Yusufs Hemd genauer anzusehen. Wenn es von vorne zerrissen wäre, dann spräche Zulaika die Wahrheit. Wäre es aber von hinten zerrissen, dann wäre Yusuf unschuldig, der Friede sei auf ihm. Das Hemd war von hinten zerrissen, also war Zulaika die Schuldige. Der König war sehr wütend auf seine Frau. Schon bald wusste die ganze Stadt von ihrer Schuld und sie schämte sich sehr.

Um aus ihrer Lage wieder herauszukommen, lud Zulaika die adligen Damen aus der Stadt zu einem Mahl in den Palast ein. Zu Ende des leckeren Essens servierte sie ihnen Früchte. Damit die Frauen diese schälen konnten, lagen kleine Messer dabei. Dann rief Zulaika Yusuf herein, der Friede sei auf ihm. Als die geladenen Damen Yusuf ﷺ sahen, waren sie von seiner Schönheit so beeindruckt, dass sie sich nicht mehr auf das Schälen der Früchte konzentrieren konnten und sie schnitten sich mit den kleinen Messern in die Finger. Da verstanden sie Zulaika. Sie konnten Yusufs Schönheit selber kaum widerstehen und hörten nun auf, Zulaika Vorwürfe zu machen und schlecht über sie zu reden.

Von nun an verschleierte Yusuf ﷺ sein Gesicht, doch das Licht Muhammads, der Friede und Segen seien auf ihm, strahlte noch immer um ihn herum. Und so wurde es zunehmend schwerer, in einem Haus zusammenzuleben. Yusuf, der Friede sei auf ihm, betete zu Allah, ihn davor zu bewahren, eine Sünde zu begehen. Die Antwort auf dieses Gebet war, daß die Männer der Stadt verlangten, daß Yusuf ﷺ ins Gefängnis geworfen würde. Seine Schönheit würde so viel Probleme unter den Frauen auslösen, dass dies der einzige Weg sei, Vorfälle in Zukunft zu vermeiden.

Zulaika, Allahs Wohlgefallen sei auf ihr, beklagte ihren Verlust und wurde schließlich aus lauter Kummer verrückt.

Nachdem ihr Mann schließlich gestorben war, gab sie all ihren Reichtum her. Ihre Schönheit verfiel und sie wanderte ziellos durch die Straßen, um Neuigkeiten über Yusuf ﷺ zu erfahren. Doch die Leute hatten Yusuf ﷺ mittlerweile vergessen.

Yusuf ﷺ, der Friede sei auf ihm, war glücklich im Gefängnis. Hier konnte er Allah in Sicherheit preisen. Sein Licht brachte den gebrochenen Seelen um ihn herum Glück und Hoffnung. Und auch die Wächter mochten ihn und kümmerten sich besonders um ihn.

Nun hatte Allah dem Yusuf, der Friede sei auf ihm, die Gabe geschenkt, Träume zu interpretieren.

Eines Tages kamen zwei Gefangene zu ihm und erzählten ihm ihre Träume. Der eine Mann sagte: „Ich habe von Brot geträumt, das ich auf meinem Kopf trug, wo die Vögel es aufpickten." Der andere Gefangene erzählte: „Und ich habe mich im Traum Wein auspressen sehen!" Yusuf ﷺ deutete den beiden Männern ihre Träume und seine Interpretation sollte sich bewahrheiteten: Der eine der Gefangenen wurde erhängt und die Vögel fraßen von seinem Kopf. Der andere wurde für unschuldig befunden und freigesprochen und erhielt die Stellung des Mundschenks im Dienste des neuen Königs von Ägypten.

Viele Jahre später hatte dieser König einen schrecklichen Alptraum. Er sah darin sieben magere Kühe sieben fette Kühe auffressen. Erschrocken fragte er alle seine Berater nach der Deutung seines Traumes, doch keiner von ihnen konnte dem König eine sinnvolle Antwort geben. Da erinnerte sich der Mundschenk des Königs plötzlich an Yusuf, der Friede sei auf ihm. Er erzählte dem König von ihm, und der König ließ Yusuf ﷺ aus dem Gefängnis holen und zu ihm bringen.

Mit der Erlaubnis Allahs konnte Yusuf, der Friede sei auf ihm, den Traum des Königs verstehen: Sieben Jahre lang würde Ägypten Regen und reiche Ernte haben. Dann aber würden sieben Jahre Trockenheit und Hunger folgen. Yusuf ﷺ riet dem König darum: „Sammle während der ersten sieben Jahre Lebensmittel in großen gesonderten Lagerhäusern und verteile sie in den nächsten sieben Jahren nach und nach an die Leute. So wirst du die Menschen vor dem Hungertode bewahren können."

Der König war sehr beeindruckt von der Deutung seines Traumes und von Yusufs Ratschlag, der Friede sei auf ihm. Er ließ ihn aus dem Gefängnis frei und machte ihn zu seinem Ratgeber und zum Aufseher über die Lagerhäuser.

Es kam, wie Yusuf, der Friede sei auf ihm, es vorausgesagt hatte: den sieben Jahren Fülle folgten sieben Jahre Hungersnot. Und da auch in anderen Ländern Hungersnot herrschte, kamen die Menschen von überall her, um in Ägypten Nahrungsmittel zu kaufen. Außer dort gab es nirgendwo mehr etwas zu essen.

Yusuf pflegte immer die Leute, die zu ihm kamen, genau zu beobachten, der Friede sei auf ihm. Eines Tages entdeckte er bekannte Gesichter: es waren seine Brüder, die ihn vor vielen Jahren in den Brunnen geworfen hatten. Sofort erkannte er jeden einzelnen von ihnen wieder, doch sie erkannten ihn nicht.

Yusuf, der Friede sei auf ihm, ging zu ihnen und sprach sie an. Er fragte nach ihren Lebensumständen und woher sie gekommen seien. Sie erzählten ihm, dass sie ihren alten Vater zu Hause gelassen hätten, der aus lauter Kummer über den Tod eines ihrer Brüder blind geworden sei. Noch immer wäre er sehr traurig und würde ihren jüngsten Bruder Benjamin in Erinnerung an den andern Bruder stets bei sich behalten.

Yusuf, der Friede sei auf ihm, gab seinen Brüdern eine großzügige Portion Getreide. Er schickte sie nach Hause zurück mit der Bedingung, dass sie das nächste Mal ihren jüngeren Bruder mitbringen sollten. Die Brüder kehrten zu ihrem Vater zurück.

Als sie nun das nächste Mal nach Ägypten reisen wollten, um Getreide zu kaufen, baten sie ihren Vater, ihnen Benjamin nach Ägypten mitzugeben. Ya´qub, der Friede sei auf ihm, zögerte, doch schließlich gab er notgedrungen nach und ließ Benjamin ziehen.

Die elf Brüder reisten noch einmal nach Ägypten und Yusuf, der

Friede sei auf ihm, gab ihnen wieder reichlich Getreide mit. Er ließ aber heimlich einen goldenen Becher des Königs in Benjamins Tasche verstecken, der Friede sei auch auf ihm. Als nun die Wächter am Stadttor die Taschen überprüften, fanden sie den Becher. Benjamin, der Friede sei auf ihm, wurde des Diebstahls beschuldigt und ins Gefängnis geworfen. Seine älteren Brüder waren entsetzt. Reue über die längst vergangene Tat in ihrer Jugendzeit kam in ihnen auf. Wie sollten sie ihrem Vater gegenübertreten und ihm erneut den Verlust eines jüngeren Bruders mitteilen? Sie versuchten Yusuf ﷺ, der Friede sei auf ihm, davon zu überzeugen, Benjamin gehen zu lassen oder ihn zumindest im Tausch gegen einen von ihnen freizugeben. Yusuf ﷺ aber ging darauf nicht ein. Stattdessen befahl er ihnen: „Kehrt nach Hause zurück und kommt schnell mit eurem alten Vater wieder!" Dann gab er den Brüdern eines seiner guten Hemden als Geschenk für den Vater mit.

Als die Brüder gegangen waren, gab Yusuf sich seinem Bruder Benjamin zu erkennen, Allahs Friede sei auf ihnen beiden. Die beiden umarmten sich und gingen zusammen in Yusufs Palast.

Die anderen Brüder eilten zu ihrem Vater zurück, fürchteten aber, dass sich die Vergangenheit wiederholen könnte und sie ihren Vater erneut verletzen würden. Sie waren tief besorgt und nahmen sogar das Schlimmste an, nämlich, dass ihr Vater aus lauter neuem Kummer sterben könnte.

Doch das geschah nicht. Schon von weitem, noch bevor seine Söhne ihn überhaupt erreicht hatten, roch Ya´qub den süßen Duft seines Sohnes Yusuf, der Friede sei auf ihnen beiden. Dieser Duft entströmte dem Hemd, dass die Brüder mitbrachten. Als die Brüder ihren Vater erreichten, grüßten sie ihn und überreichten ihm Yusufs Geschenk. Ya´qub, der Friede sei auf ihm, war überglücklich. Er bedeckte sein Gesicht mit dem Hemde und seine Augen wurden wieder sehend. Er wusste nun mit Sicherheit, dass Yusuf ﷺ

noch am Leben war und dass er ihn bald wiedersehen würde. In Eile packten sie alle gemeinsam die Zelte, sammelten die Frauen, die Kinder und die Tiere und machten sich auf den Weg nach Ägypten.

Als Ya´qub und Yusuf ﷺ sich endlich nach so vielen Jahren wiedersahen, fielen sie auf die Knie und verharrten so vor lauter Glück drei Stunden lang, unfähig, auch nur irgendetwas zu sagen oder sich zu bewegen. Alle Menschen in Ägypten und alle Engel des Himmels weinten vor Rührung. Dann kamen Yusufs Brüder und baten Yusuf aus vollem Herzen um Vergebung und er vergab ihnen, der Friede sei auf ihm. Yusuf ﷺ lud sie alle ein, in Ägypten zu bleiben, wo er schließlich König wurde und sein ganzes Volk folgte ihm im Glauben an Allah, den einen Gott.

Doch die Geschichte hat hier noch kein Ende. Eines Tages ging Yusuf ﷺ, der Friede sei auf ihm, durch die Straßen der Stadt. Plötzlich kam ihm eine alte verrückte Frau in schmutzigen Kleidern entgegen. Sie flehte ihn an, er möge Allah bitten, ihre Gebete zu erhören. Yusuf, der Friede sei auf ihm, tat in seiner Freundlichkeit, was sie verlangte. Da verwandelte sich die Alte in eine wunderschöne junge Frau. Yusuf ﷺ erkannte sie sofort. Es war Zulaika, Allahs Wohlgefallen sei auf ihr. Sie nahm Yusufs Glauben an und durch die Barmherzigkeit Allahs heirateten Yusuf ﷺ und Zulaika schließlich doch noch. Sie hatten zusammen elf Söhne, von denen jeder widerum selbst zwölf Söhne hatte. Alle hatten ihre jeweils eigenen Weiden und Wasserstellen und lebten in Ägypten für viele Jahre und Generationen glücklich in Frieden und Wohlergehen zusammen.

Möge Allah Yusuf segnen und ihm Frieden schenken.

Ayyub, der Friede sei auf ihm

„Stampfe mit deinem Fuß auf: Hier kommt kühles Wasser zum Baden und

Trinken!" (Sure 38, 42)

13

Das Licht geht
auf Ayyub ﷺ über

In dem Dorf Qudsiya nahe Damaskus wurde aus der Linie der Propheten ein Junge geboren. Sein Vater Mus war ein Nachfahre der Söhne Ya´qubs und seine Mutter Anuus stammte von einer der Töchter des Propheten Lut ab. Der Friede sei auf ihnen allen. Sie nannten ihren Jungen Ayyub, der Friede sei auf ihm, und das Licht schien von seiner Stirn mit der Leuchtkraft des Vollmondes in einer klaren Nacht.

Ayyub, der Friede sei auf ihm, wuchs zum Manne heran und wurde sehr reich. Er besaß schöne Häuser, Obstwiesen und Gärten, angefüllt mit Früchten verschiedenster Art und mit vielen leckeren Gemüsesorten. Er heiratete Rahma, Allahs Wohlgefallen sei auf ihr, eine Nachkommin Yusufs, der Friede sei auf ihm. Gemeinsam hatten sie fünfzehn Söhne.

Es mangelte ihnen an nichts. Ayyub, der Friede sei auf ihm, heiratete noch zwei weitere Frauen, mit denen er weitere Kinder und Enkelkinder hatte. Sie lebten alle in Harmonie und Liebe zusammen. Jede Nacht trafen sie sich in einem der Häuser und aßen und beteten gemeinsam. Das Leben war ihnen eine Freude und sie waren glücklich.

Bei all diesem Wohlstand vergaß Ayyub ﷺ nie, seinem Herrn zu danken, der ihm dies alles geschenkt hatte. Er war ein bescheidener Diener Allahs und allen gegenüber ein großzügiger Nachbar. Allah, der allen Menschen die Versorgung zuteilt, hatte ihm alles gegeben, und Ayyub, der Friede sei auf ihm, vergaß niemals seinen Schöpfer. Er war ein Vorbild für alle.

Eines Tages konnte Schaitan, der Eifersüchtige, das Glück Ayyubs, der Friede sei auf ihm, nicht länger ertragen. Er ging zu den Engeln und erzählte ihnen, dass Ayyub ﷺ nur deshalb seines Herrn gedenke, weil er ja alles habe und sich über nichts beschweren könne. Da gab Allah Schaitan die Erlaubnis, Ayyub ﷺ auf die Probe zu stellen, der Friede sei auf ihm.

Als Ayyub, der Friede sei auf ihm, am nächsten Tag in der Moschee beim Gebet war, kam ein starker Sturm auf, der seine Gärten zerstörte und seine Herden auseinandertrieb. Doch Ayyub ﷺ blieb davon unberührt und betete weiter. Innerhalb eines Tages war sein ganzer Reichtum dahin.

Am nächsten Tag trafen sich Ayyubs Kinder und Enkelkinder wieder in einem seiner Häuser, um gemeinsam zu Abend zu essen. Da erschütterte ein großes Beben die Erde. Das Dach fiel herunter und in einem Augenblick wurden Ayyubs Kinder und andere Familienmitglieder getötet.

Ayyub ﷺ, der Friede sei auf ihm, war fest in seinem Glauben. Dieser weitere schreckliche Schicksalsschlag mehrte darum nur noch die Geduld und Liebe zu seinem Herrn. Er verweilte oft lange im Gebet und richtete seine Augen nur auf seinen Schöpfer. Und Allah und Seine Engel lobten sein standhaftes Herz. Sie wussten, dass ihn nichts aus der Fassung bringen konnte.

Schaitan aber war weiterhin voller eifersüchtiger Wut und ließ Ayyub, der Friede sei auf ihm, einfach keine Ruhe. Er blies Ayyub ﷺ einen giftigen Hauch aus der Hölle entgegen, durch den sein Körper so anschwoll, dass überall schmerzhafte Wunden aufbrachen. Dann ging Schaitan im Dorf von Haus zu Haus und erzählte allen, dass Ayyub ﷺ sehr bösartig sein müsse, wenn er auf solch eine Weise gestraft würde.

Nun hatten die Leute im Dorf zwar Respekt vor Ayyub, der Friede sei auf ihm, hatten aber niemals ihren Glauben an die Götzen aufgegeben. Nur drei Fremde, die auf der Durchreise waren, glaubten Ayyub ﷺ und folgten ihm als einem Propheten. Aber seine Krankheit machte auch ihnen große Angst und so lehnten sie ihn nun ab und verloren am Ende allen Respekt vor ihm.

Doch damit nicht genug. Zwei der Frauen Ayyubs verließen ihn und nur Rahma blieb bei ihm, Allahs Wohlgefallen sei auf ihr. Die Leute aus dem Dorf glaubten mittlerweile, dass Ayyubs Krankheit, der Friede sei auf ihm, ansteckend sei. Sie zwangen darum Rahma, ihren Ehemann auf den Rücken zu nehmen und ihn in die Einöde zu bringen, weit außerhalb des Dorfes.

Dort bereitete Rahma Ayyub ﷺ ein Bett aus trockenem Gras mit einem Stein als Kissen. Sie waren völlig allein. Niemand kam, um ihnen zu helfen oder ihnen ein paar Sachen oder Essen zu bringen. Rahma musste sich um alles selber kümmern. Und so machte sie sich auf den Weg ins Dorf, um Arbeit zu suchen. Früher war sie eine sehr vornehme Dame gewesen, jetzt aber musste sie jede auch noch so unangenehme Arbeit annehmen, um zumindest soviel zu verdienen, dass sie und ihr Mann genug zu Essen hatten.

Schaitans Tricks nahmen aber noch kein Ende. Rahma, Allahs Wohlgefallen sei auf ihr, war eine sehr schöne Frau mit langen Haare, die ihr bis zu den Knien reichten. Schaitan flüsterte nun einer der Frauen im Dorf ein, darauf zu bestehen, Rahma im Austausch für Essen ihre Haare abzuschneiden. Kurze Haare bei einer Frau waren aber damals das Zeichen dafür, dass eine Frau das Gesetz gebrochen hatte. Doch Rahma hatte keine Wahl. Sie musste etwas zu Essen nach Hause bringen und so willigte sie schliesslich ein.

Als Ayyub, der Friede sei auf ihm, seine Frau mit abgeschnitten Haaren sah, zweifelte er an ihrer Lauterkeit und glaubte ihrer Erklärung nicht. Er schwor, dass er sie bestrafen und schlagen würde, sollte er jemals wieder zu Kräften kommen.

Schaitan hatte nun fast alle irdischen Dinge, die für Ayyub, der Friede sei auf ihm, einen Wert hatten, zerstört, sogar die Liebe und das Vertrauen zwischen Mann und Frau.

Jetzt bereuten auch die drei Fremden, die Ayyub ﷺ als ihren Propheten akzeptiert hatten, ihre Entscheidung zum Glauben. Sie begannen an ihm zu zweifeln und kehrten zum Götzendienst zurück. Als Ayyub, der Friede sei auf ihm, hörte, dass nun auch seine treuesten Gefolgsleute sich von ihm abgekehrt hatten, brannte ihm das Herz in der Brust. Er betete zu Allah, dass Er Seine Religion auf Erden beschützen und die Gläubigen aus dem Zweifel erretten möge. Und das erste Mal in seinem Leben betete Ayyub, der Friede sei auf ihm, für sich selbst. Er bat Allah, Sich Seines Dieners zu erinnern.

Allah beantwortete sein Gebet. Er riet Ayyub, der Friede sei auf ihm, noch tiefer in die Einöde zu gehen und mit seinem Fuß fest auf den Boden zu stampfen. Ayyub ﷺ tat, wie ihm aufgetragen war. Er schleppte sich selbst von seinem Krankenlager ein Stückchen weiter in die Einöde. Und obwohl er sich kaum auf den Beinen halten konnte, stampfte er fest auf. Da entsprang an dieser Stelle in diesem trockenen, vergessenen Land ein Wasserstrahl, der ihn mit Wasser überschüttete. Dieses Wasser heilte Ayyub, der Friede sei auf ihm. Er wurde wieder jung und stark. Als Rahma aus dem Dorf zurückkam, hiess er auch sie in dem Wasser baden und sie wurde ebenfalls wieder jung und schön.

Die drei Gläubigen und alle Leute aus dem Dorf wurden Zeuge dieses Wunders und sie nahmen nun den Glauben an Allah an. Alles, was Ayyub verloren hatte, gab Allah ihm wieder, der Friede sei auf ihm. Am Ende hatte Ayyub ﷺ sogar noch mehr Kinder und Enkelkinder, Häuser und Gärten als zuvor. Er wurde sehr reich beschenkt, denn Allah ließ es Heuschrecken aus

Silber und Gold auf sein Land herabregnen.

Und was geschah mit Schaitan? Schaitan wurde aus dieser Gegend verbannt - beschämt und verachtet.

Nun hatte Ayyub, der Friede sei auf ihm, ja geschworen, Rahma zu bestrafen, sollte er wieder gesund werden und ein Prophet muss seinen Schwur halten. Ayyub ﷺ hatte aber nun Rahmas Unschuld klar erkannt und wollte sie nicht mehr schlagen. Und so befahl Allah ihm, seinen Schwur auf folgende Art und Weise einzulösen: Anstatt seine Frau auszupeitschen sollte er sie lediglich ein Mal mit einem weichem Grasbüschel schlagen.

Ayyub, der Friede sei auf ihm, lebte, bis er zweihundertundneunzig Jahre alt war. Sowohl in guten wie auch in schlechten Zeiten war sein Herz immer dankbar und demütig auf Allah ausgerichtet. Allah hatte die Stärke seines Herzens immer aufrecht erhalten, auch wenn Er Schaitan erlaubt hatte, Ayyub ﷺ zu testen. Durch sein Beispiel können die Menschen lernen, dass man, wenn man geduldig ist und standhaft bleibt, am Ende jedes Übel und Schlechte besiegen kann.

Möge Allah Ayyub segnen und ihm Frieden schenken.

Dhul-Kifl, der Friede sei auf ihm

„Gedenke auch Isma´il, Al-Yasa´ und Dhul-Kifl. Sie alle gehören zu den
Besten." (Sure 38, 48)

14

Das Licht geht
auf Dhul-Kifl ﷺ über

A yyub und Rahma, Allahs Friede sei auf ihm und Sein Wohlgefallen auf ihr, hatten den Versuchungen Schaitans widerstanden und Allah belohnte sie dafür reichlich. Sie bekamen viele Kinder. Einer ihrer Söhne hieß Bishr, der Friede sei auf ihm, und auf seiner Stirn leuchtete das Licht wie eine Lampe in der Nacht. Bishr war ein junger Mann von angenehmem Äußeren. Immer lächelte er freundlich und er war sehr umgänglich. Sein Haar trug er lang und in der Mitte gescheitelt, wofür man ihm den Spitznamen Dhul-Kifl ﷺ gab. Der Friede sei auf ihm.

Als sein Vater Ayyub ﷺ schließlich verstarb, der Friede sei auf ihm, waren alle Leute des Dorfes Qudsiya und seiner Umgebung zu Gläubigen geworden. Die Götzen waren zerstört und auf jedem Hügel stand eine Moschee. Die Leute fürchteten Gott und waren freundlich. Sie waren glücklich und Zufriedenheit strahlte von ihren Gesichtern.

Der König des Nachbarlandes wurde allmählich eifersüchtig. Er dachte, dass Ayyubs Volk unzählbare Schätze haben musste, welche die Leute so glücklich machten. Darum fasste er den Plan, Qudsiya mit seiner Armee zu erobern, die Menschen zu Sklaven zu machen und ihre Reichtümer an sich zu nehmen.

Doch Dhul-Kifl, der Friede sei auf ihm, wurde vor dem bevorstehenden Angriff gewarnt und ersann einen Plan, wie er sein Volk schützen konnte. Er sammelte seine Glaubensbrüder und versteckte sich mit ihnen in den Bergen. Auf diese Weise konnten sie die Angreifer aus dem Hinterhalt überfallen und gefangen nehmen. Sie taten den Soldaten nichts, sondern luden sie dazu ein, an Allah zu glauben und in Frieden mit ihnen zu leben. Doch keiner von ihnen verstand, wie sie einem unsichtbaren Gott dienen sollten.

Der eifersüchtige König war sehr wütend über den Verlust seiner Armee. Er überlegte, was er als Nächstes tun sollte und entschied sich für eine geschicktere Methode, seinen Feind loszuwerden: Er wollte die jungen Leute verderben und so schickte er Händler in die Stadt, um die jungen Leute mit schicken Kleidern und unnützen Dingen zu verführen. Dann brachten diese Händler ihnen das Trinken, Tanzen und Spielen bei. Es war eine giftige Saat, die der feindlich gesinnte König da säte, und mit der er das Glück der Gläubigen zerstören wollte.

Und diese Saat ging in den Herzen der jungen Leute auch tatsächlich auf. Anfangs schämten sie sich und wollten ihren Eltern nicht erzählen, was sie getan hatten. So fingen sie an zu lügen, doch nebenher tranken sie und spielten sie weiter. Sie verloren viel Geld, also mussten sie sich neues Geld beschaffen. Darum begannen sie zu stehlen. Dies wiederum führte zu Streit und dann zu Mord und Totschlag. Ihr Benehmen wurde nach und nach immer schlechter und ihr Glaube zerbrach Stück für Stück. Am Ende wandten sie sich ganz vom Glauben ab und in den Moscheen waren nur noch die Alten zu finden.

Dhul-Kilf, der Friede sei auf ihm, versuchte, mit den jungen Leuten zu reden, aber diese waren betrunken und verstanden nichts. Im Gegenteil, sie wurden wütend und beschlossen, jeden zu töten, der sie daran erinnerte, wer sie einst gewesen waren und der ihnen ihren jetzigen Zustand deutlich machte. Also griffen sie Dhul-Kifl ﷺ und die Gläubigen eines Tages an. Es war ein schrecklicher Kampf. Väter kämpften gegen ihre Söhne und Mütter gegen ihre Töchter. Sie bekämpften sich bis zum Morgengrauen. Dann waren die jungen Leute besiegt. Die alten gläubigen Menschen zwangen die jungen Leute in die Knie, weil sie alle betrunken waren und ihren Kampfesmut völlig verloren hatten.

Die jungen Rebellen flohen aus dem Dorf und suchten Schutz bei dem feindlichen König, den sie für ihren Freund hielten. Der König nahm sie gerne auf und plante, mit ihrer Hilfe Qudsiya erneut zu überfallen.

Allah befahl Dhul-Kifl, der Friede sei auf ihm, die Gläubigen zu sammeln und mit ihnen nach Damaskus zu gehen. Es waren nur vierzig Menschen, die in ihrem Glauben stark genug waren, um ihre Häuser, ihre Felder und ihr ganzes Hab und Gut verlassen zu können und ohne irgendwelche Dinge in ein fremdes Land zu gehen.

Auf ihrem Weg nach Damaskus trafen sie auf einen Boten von Dhul-Kifls Bruder. Der bat sie: „Kehrt in euer Dorf zurück. Der feindliche König hat seinen Plan längst aufgegeben und wird Qudsiya nicht mehr angreifen!" Die Gläubigen hatten schon längst Heimweh gehabt und so verließen sie ihren Propheten Dhil-Kifl, der Friede sei auf ihm, drehten auf halber Strecke um und kehrten in ihr Dorf zurück.

Dhul-Kifl, der Friede sei auf ihm, folgte ihnen heimlich, um zu sehen, was geschehen würde. Und es geschah, was er befürchtet hatte: Das Dorf wurde angegriffen und zerstört und die Menschen in die Sklaverei getrieben. Dhul-Kifel drehte sich traurig um und reiste alleine nach Damaskus weiter. In Damaskus angekommen heiratete er, baute sich ein Haus und hatte viele Kinder.

Eines Tages sah er eine Sklavenkarawane an seinem Hause vorbeiziehen. Die Wächter trieben die Sklaven an und schlugen sie erbarmungslos. Sie litten schrecklich und waren schon dem Tode nahe. Da kaufte Dhul-Kifl, der Friede sei auf ihm, dem Sklavenhändler aus Liebe zu Allah alle diejenigen Sklaven ab, die zu schwach waren, um auf dem Markt verkauft zu werden. Er gab ihnen zu Essen und zu Trinken, bis sie sich erholt hatten.

Als es den Sklaven besser ging, erkannten sie ihren Propheten Dhul-Kifl ﷺ. Sie waren die ehemals jungen Leute von Qudsiya, die von dem feindlichen König verführt und getäuscht und später als Sklaven verkauft worden waren. Nun wurden sie wieder zu Gläubigen, ließen sich in Dhul-Kifl ﷺs Nähe nieder, heirateten und gründeten jeder eine Familie.

Der Herrscher von Damaskus vertraute aber Dhul-Kifl nicht, der Friede sei auf ihm. Er befahl ihm, die Stadt zu verlassen. Dhul-Kifl ﷺ konnte es nicht ertragen, die Sklaven noch einmal von ihrer Heimat zu entwurzeln. Also verabschiedete er sich von ihnen und zog alleine los.

Auf den Befehl Allahs hin reiste Dhul-Kifl ﷺ für viele Jahre umher. Wo immer er hinkam, sprach er über Allah und zeigte den Menschen den Weg zu Frieden und Glück. Dabei traf er auf viele fremdartige Menschen und bestand viele Prüfungen und Abenteuer.

Einmal kam er zu Menschen, die in Höhlen unter der Erde lebten. Ein anderes Mal traf er auf Menschen, die ihr Leben in Schnee und Eis verbrachten. Allen verkündete er seine Botschaft. Manche hörten ihm zu, viele jedoch auch nicht.

Nach vielen Jahren erlaubte Allah Dhul-Kifl ﷺ zu seiner Familie nach Damaskus zurückzukehren, der Friede sei auf ihm. Seine Frau und seine Kinder waren überglücklich, ihn wiederzusehen. Auch die Sklaven hatten in der Zwischenzeit standhaft an ihrem Glauben festgehalten. Als sie nun von der Rückkehr ihres Propheten hörten, war ihre Freude groß, und sie hießen ihn willkommen.

Dhul-Kifl, der Friede sei auf ihm, lebte und lehrte in Damaskus, bis er fünfundsiebzig Jahre alt war. Als er starb, hinterließ er viele Kinder, aber keines, das in der Lage war, das Licht der Prophetenehre zu tragen.

Möge Allah Dhul-Kifl segnen und ihm Frieden schenken.

Schu´aib, der Friede sei auf ihm

... „Diejenigen, die Schu´aib ﷺ Lüge vorgeworfen hatten, waren die

Verlorenen." (Sure 7, 92)

15

Das Licht geht auf Schu´aib ﷺ über

Schu´aib war ein Nachfahre Ibrahims, der Friede sei auf ihnen beiden. Sein Name bedeutet „derjenige, dessen Herz aus Liebe zu Gott brennt". Die Glut dieses Feuers der Liebe zu Allah strahlte von seinem Gesicht und erhellte die Welt um ihn herum. Schu´aib ﷺ wurde zu den Leuten von Midian geschickt und Allah schenkte ihm die Gabe, auf schöne und angenehme Weise sprechen zu können.

Die Leute von Midian waren Händler und Geschäftsleute. Sie waren aber keine ehrlichen Menschen, sondern betrogen bei ihren Geschäften und bereicherten sich auch noch an den Armen und Schwachen. Schu´aib ﷺ, der Friede sei auf ihm, schimpfte mit ihnen, ermahnte sie und gab ihnen den Rat, ehrlich und anständig Handel zu betreiben. Doch sie wollten nicht hören. Wahrscheinlich war das der Grund, warum Schu´aib ﷺ eines Tages die Stadt verließ. Er und seine Gefolgsleute zogen in die Außenbezirke von Midian. Sie errichteten ihre Häuser in den Hügeln und weideten dort ihre Schafe und Ziegen.

Doch Schu´aib ﷺ gab nicht auf. Er ging weiterhin jeden Tag zu den Leuten von Midian. Er stellte sich vor die Tore der Stadt, mit seinem Stock in der Hand, mit wehendem Bart und vor Gottesliebe leuchtendem Gesicht. Dann sprach er zu den Menschen. Tag für Tag warnte er sie weiter mit schönen und starken Worten. Er riet ihnen zu Ehrlichkeit und Aufrichtigkeit, wenn sie die Strafe Allahs von sich abwenden wollten.

In dieser Zeit kam ein Fremder aus Ägypten nach Midian. Er war ein Nachkomme der Propheten und das Licht Muhammads, Friede und Segen seien auf ihm, schien von seinen Brauen. Er heiratete Schu´aibs älteste Tochter und wurde dessen Schwiegersohn, auf den er so sehr gehofft hatte. Der Friede sei auf ihm.

Die Leute von Midian aber hatten weiterhin nur taube Ohren für Schu´aibs Warnungen. Sie warfen Steine nach ihm und verspotteten ihn. Eines Tages zog er deshalb noch weiter von der Stadt weg. Die Gläubigen, die mittlerweile eine große Gemeinschaft geworden waren, nahm er mit.

Eines Abends sammelte Schu´aib, der Friede sei auf ihm, alle Gläubigen um sich und hielt sie die ganze Nacht über im Gebet, bis die Sonne aufging. Es war der Tag gekommen, an dem die Strafe Allahs über die sturen Leute von Midian herabkommen würde.

An diesem Tag erhitzte die Sonne die Luft wie ein Heizkessel und die Erde wurde zu einem Ofen. Wo die Leute von Midian sich auch hinwendeten, nirgendwo konnten die ungläubigen Menschen Kühle oder Schatten finden. Und schon bald fühlten sich auch ihre Körper an, als wären sie Feuer.

Plötzlich sahen die Menschen in weiter Ferne eine dunkle Wolke. Sie rannten ihr entgegen, in der Hoffnung auf ihren Schatten und darauf, dass sie Regen und Erleichterung bringen würde. Doch die Wolke brachte nur noch mehr Feuer. Sie sprühte Funken und es regnete brennende Kohlen. Dann begann die Erde zu beben. Alles Hab und Gut der Leute, all ihr Reichtum und Besitz, wurde vernichtet, so, als ob er nie dagewesen wäre.

Schu´aib, der Friede sei auf ihm, sammelte die Gläubigen und reiste mit ihnen gen Norden. Sie besuchten die Plätze der früheren Propheten: die Arche von Nuh, das Tote Meer von Lut und den Platz, an dem Nimrod versucht hatte, Ibrahim zu verbrennen, der Friede sei auf ihnen allen. Dann wandten sie sich wieder Richtung Süden und kamen an den Ruinen der Städte von Salih und Hud vorbei, der Friede sei auf allen Propheten. Schließlich kamen sie nach Mekka und standen vor der Kaaba. Sie tranken von der Zam-Zam Quelle und beschlossen, sich dort niederzulassen.

Schu´aib, der Friede sei auf ihm, predigte den Menschen dieser Gegend die Worte Allahs, die sie wieder einmal vergessen hatten. Und die meisten glaubten ihm und akzeptierten ihn als ihren Propheten.

Schu´aib, der Friede sei auf ihm, lebte in Frieden nahe der Kaaba, bis er dreihundert Jahre alt war. Als er starb, wurde er ganz in ihrer Nähe begraben. Die Prophetenehre ging an den Mann seiner Tochter, seinen Schwiegersohn, über: an Musa, der Friede sei auf ihm.

Möge Allah Schu´aib segnen und ihm Frieden geben.

Musa, der Friede sei auf ihm

„Lege ihn in einen Kasten und wirf ihn in den Fluss. Der Fluss wird ihn an

das Ufer treiben." ... (Sure 20, 39)

16

Das Licht geht
auf Musa ﷺ über

die Nachkommen von Ya´qub, der Friede sei auf ihm, lebten weiterhin in Ägypten. Es ging ihnen gut und sie waren sehr erfolgreich in ihrem Leben.

Nach und nach vergaßen die Menschen in Ägypten aber die Lehre von Yusuf, der Friede sei auf ihm, und kehrten zum Götzendienst zurück. Das ging so weit, dass sie ihren König Pharao wie einen Gott verehrten. Nur die Banu Israil, die Nachfahren von Ya´qub, hielten an ihrem Glauben an Allah, den unsichtbaren Schöpfer alles Sichtbaren, fest. Darum wurden sie von den anderen Menschen abgelehnt und schlecht behandelt.

Obwohl Pharao ein Götzendiener war, war er zunächst ein guter und gerechter Herrscher. Dies änderte sich, als ihm langsam klar wurde, dass sein Königsreich und seine Kraft irgendwann ein Ende nehmen würden. Er fürchtete einen jeden, der sich ihm einmal widersetzen könnte. Besonders die Sklaven waren ihm ein Dorn im Auge, denn sie schienen ihm gefährlich. Wenn er sterben würde, könnte das für sie die Freiheit bedeuten. Allen voran fürchtete Pharao die Banu Israil. Sie glaubten nicht, dass er ein Gott sei und das bedrohte ihn am meisten.

Eines Tages hatte Pharao einen Traum, der ihm seine Befürchtungen bestätigte. In seinem Traum wuchs unter den Banu Israil ein Baum, und dieser Baum wurde immer größer. An seinen Ästen hielten sich viele Menschen fest. Plötzlich schienen sich all diejenigen, die sich an den Ästen des Baumes festhielten, auf seinen Palast zu stürzen und ihn und all seine Macht zu vernichten. Pharao beschloß deshalb, alle neugeborenen Jungen der Banu Israil töten zu lassen, damit sie niemals erstarken und ihn in seiner Macht bedrohen könnten.

Eine Enkelin von Ya´qub, der Friede sei auf ihm, lebte am oberen Ufer des Nils, der nahe an Pharaos Palast vorbeifloss. Ihr Name war Johabith. Ihre Tochter Mariam arbeitete für die Frau des Königs Asiya, Allahs Wohlgefallen sei auf beiden Frauen. Johabith hatte außerdem noch ein kleines Baby, einen Jungen, den sie Musa ﷺ nannte. Der Friede sei auf ihm. Das Licht des Propheten Muhammad, Friede und Segen seien auf ihm, schien von seiner Stirn wie ein leuchtender, rechtleitender Stern.

Um Musa ﷺ, der Friede sei auf ihm, vor Pharao zu schützen, schickte Allah Johabith die Eingebung, Musa ﷺ in ein hölzernes Körbchen, eine kleine Arche, zu legen und ihn auf dem Fluss aussetzen. Johabith folgte dieser Inspiration, obwohl sie um das Wohlergehen ihres kleinen Sohnes sehr besorgt war. Als sie die kleine Arche mit ihrer zerbrechlichen Ladung davon schwimmen sah, weinte sie sehr. Allah schickte ihr aber Trost ins Herz. Er versprach ihr, dass ihr Junge sicher zu ihr zurückkehren würde, wenn sie nur geduldig genug sei.

Die kleine hölzerne Arche schwamm flussabwärts an der Stelle vorbei, wo die Königin und ihre Mägde sich gerade badeten. Sie sahen das Körbchen, zogen es ans Ufer und fanden ein hübsches Baby darin.

Asiya, Allahs Wohlgefallen sei auf ihr, verliebte sich sofort in das Kind und nahm Musa ﷺ mit nach Hause. Sie brachte ihn zu ihrem Mann, dem Pharao, und sie beschlossen, das Baby zu behalten. Sie gaben ihn in die

Obhut von Mariam, Allahs Wohlgefallen sei auf ihr, ohne zu ahnen, dass sie seine Schwester war. Das Baby war aber noch sehr klein und musste gestillt werden. Und so nahm Mariam das Baby mit nach Hause zu ihrer Mutter, um ihm von ihrer Milch zu geben. Musa, der Friede sei auf ihm, wuchs auf diese Weise in der sicheren Obhut seiner Mutter bis zum jungen Mannesalter heran.

Johabith hatte noch mehr Kinder. Darunter war auch ein Sohn mit dem Namen Harun, der Friede sei auf ihm. Musa, der Friede sei auch auf ihm, war also von seiner lieben Familie umgeben. Da sich ihm seine Mutter zu erkennen gab, wuchs er zwar als Sohn des Königs auf, war sich aber immer bewusst, dass er in Wahrheit der Sohn einer Sklavin war und von den Propheten abstammte.

Eines Tages stieß Musa, der Friede sei auf ihm, auf einen Soldaten des Königs, der gerade einen Sklaven mit Gewalt zu schwerer Arbeit zwang und ihn dabei fast totschlug. Als Musa ﷺ diese ungerechte Behandlung sah, stieg eine enorme Wut in ihm auf. Er erhob nur eine Hand, um weitere Ungerechtigkeit zu verhindern, doch der Soldat fi el auf der Stelle tot um. Musa, der Friede sei auf ihm, war noch ein junger Mann und war sich der Stärke seiner spirituellen Kraft noch nicht bewusst. Er hatte den Soldaten nicht verletzten, sondern nur von seiner Tat abhalten wollen.

Musa ﷺ erschrak zutiefst über das, was geschehen war. Er wusste, dass er Ägypten sofort verlassen musste, denn der Pharao sperrte einen jeden, der einen seiner Soldaten tötete, sofort ein. Musa, der Friede sei auf ihm, verließ darum seine beiden Mütter, Johabith und Asiya, Allahs Wohlgefallen sei auf ihnen beiden, und floh über das Meer nach Arabien.

Er reiste im Schutz zweier Engel in nur einer Nacht und einem Tag, bis er in die Gegend von Midian kam. Dort machte er Rast an einem Brunnen und sah dabei den Schafshirten zu, die zum Brunnen kamen, um ihre Herden zu tränken. Er bemerkte etwas abseits zwei junge Mädchen stehen, die geduldig warteten. Sie waren sehr schüchtern und wollten sich nicht unter die Männer mischen. Musa, der Friede sei auf ihm, bot ihnen an, für sie Wasser aus dem Brunnen zu ziehen und ihre Schafe zu tränken. Die beiden Mädchen waren ihm dafür sehr dankbar. Sie liefen nach Hause und erzählten ihrem Vater von der Freundlichkeit des Fremden.

Der Vater dieser beiden Mädchen war der Prophet Schu´aib, der Friede sei auf ihm. Als er das Licht sah, das aus dem Gesicht des Fremden strahlte, lud er Musa zu sich ein, der Friede sei auf ihm, und bot ihm seine älteste Tochter Zipporah zur Frau an, Allahs Wohlgefallen sei auf ihr. Musa ﷺ war einverstanden und wurde Schu´aibs Schwiegersohn.

Allah hatte Schu´aib ﷺ einen Stab anvertraut, der dem ersten Propheten Adam ﷺ gehört hatte. Diesen Stab gab Schu´aib ﷺ nun dem Musa ﷺ. Der Friede sei auf ihnen allen. Der Stab war aus dem Holz eines Paradiesbaumes gemacht und hatte eine besondere Kraft.

Musa lebte für viele Jahre mit seiner Familie bei Schu´aib, der Friede sei auf ihnen. Eines Tages jedoch bat er um Erlaubnis, mit seiner Frau und seinen Kindern nach Ägypten gehen zu dürfen, um seine Mutter zu besuchen. So verließen sie Midian und gingen quer durch den Sinai in Richtung Ägypten. Es war Winter und die Wüste war kalt und bot keinerlei Schutz. Nach einigen stürmischen Nächten ging der kleinen Familie schließlich auch noch das Feuer aus und so kamen sie in echte Bedrängnis.

Musa ﷺ, der Friede sei auf ihm, schaute sich hilfesuchend um und erblickte in weiter Ferne ein Lagerfeuer. Er verließ seine Familie, um von den Leuten, die er an dem Lagerfeuer vermutete, ein paar Kohlen zu erbitten. Auch wollte er die neusten Nachrichten aus Ägypten einholen.

Als Musa, der Friede sei auf ihm, dem Feuer näher kam, fand er keine Leute vor sondern erblickte etwas Seltsames: Er sah einen Busch, um den herum helle Flammen brannten, ohne dass das Feuer den Busch berührte. Dann hörte er eine Stimme, die direkt aus dem Inneren dieses Busches mit dem unglaublichen Lichte kam. Es war Allah, der Erhabene, der direkt zu Musa ﷺ sprach. Der Friede sei auf ihm.

Musa ﷺ blieb drei Tage an diesem heiligen Platz und sprach voller Ehrfurcht mit Allah. Allah befahl ihm, nach Ägypten zurückzukehren und als Prophet die Gläubigen in die Freiheit und in ihr eigenes Land zu führen. Musa, der Friede sei auf ihm, fühlte sich dieser Aufgabe alleine nicht gewachsen und bat Allah darum, seinen Bruder Harun ﷺ auch zum Propheten zu machen, damit er ihm beistehen könne. Allah kam seinem Wunsch nach und zum ersten Mal in der Geschichte teilten sich zwei Brüder die Prophetenehre.

Möge Allah Musa segnen und ihm Frieden schenken.

Harun, der Friede sei auf ihm

„Dann entsandten Wir Musa und seinen Bruder Harun mit Unseren
Wunderzeichen und offenkundiger Vollmacht." (Sure 23, 45)

17

Das Licht geht auf Harun ﷷ über

Harun, der Friede sei auf ihm, hatte von seiner Geburt an das Licht des Propheten Muhammad getragen, Friede und Segen seien auf ihm, ohne jedoch für die Führung der Menschen verantwortlich gewesen zu sein. Diese Verantwortung hatte sein Bruder Musa gehabt, der Friede sei auf ihm. Nur auf Musas Verlangen hin wurde nun auch Harun ﷷ die Last und die Ehre des Prophetentums gegeben. Die beiden Brüder ergänzten sich. Musa ﷷ war wie die leidenschaftliche Flamme und Harun ﷷ wie das tiefe stille Wasser, der Friede sei auf ihnen beiden. Musa ﷷ handelte tapfer und Harun ﷷ sprach mit innerer Süße. Die Priester der Banu Israil werden aus den Nchkommen Haruns gewählt.

Musa ﷷ und Harun ﷷ gingen gemeinsam zum Palast des Pharao, um mit ihm zu reden und ihn davon zu überzeugen, dass es nur einen Gott gäbe und daß Allah der Schöpfer aller Lebewesen sei, der in Gerechtigkeit über sie herrsche. Doch Pharao ließ sie nicht ein.

Musa ﷷ und Harun ﷷ gaben nicht nach. Ein ganzes Jahr lang warteten sie geduldig, aber Pharao ließ sie nicht ein und wollte sie nicht anhören und seine Wut und sein Stolz wuchsen. Es gab aber wohl Leute aus dem Volk, die den beiden Propheten Glauben schenkten, der Friede sei auf ihnen beiden.

Nach einem Jahr schließlich öffnete Pharao seine Pforten und ließ Musa und Harun vorsprechen, der Friede sei auf ihnen. Anstatt aber auf sie zu hören, befahl er seinen Zauberern und Magiern, Musa ﷺ zu einem Wettkampf herauszufordern, um seine ungewöhnlichen Kräfte zu prüfen. Die Zauberer warfen ihre Stäbe, die sich in wilde Schlangen verwandelten. Die Schlangen krochen und glitten auf Musa zu, der Friede sei auf ihm. Bevor sie jedoch Musa ﷺ erreichen konnten, rief er Allah um Beistand und warf seinen eigenen Stab auf die Erde. Der Stab, der von Adam ﷺ stammte, verwandelte sich in einen gewaltigen Drachen, der alle anderen Schlangen mit einem Male verschlang. Die Magie von Menschen ist nicht mit einem Wunder Allahs zu vergleichen. Die Zauberer erkannten das und wurden auf der Stelle zu Gläubigen.

Pharao ließ seine Zauberer und Magier foltern und dann umbringen. Als er herausfand, dass seine Frau Asiya, Allahs Wohlgefallen sei auf ihr, auch eine Gläubige geworden war, machte er mit ihr das gleiche wie mit den Zauberern. Doch Allah belohnte sie alle für ihren Glauben: Er ließ ihre Seelen holen und in Seine Nähe in himmlische Paläste bringen, wo sie für immer bleiben werden.

Pharao wurde immer mehr zum Tyrannen, zu einem grausamen Herrscher, der die Banu Israil besonders quälte. Musa, der Friede sei auf ihm, warnte schließlich Pharao vor der Strafe Allahs, wenn er den Gläubigen nicht gestatte, Ägypten zu verlassen. Er nahm seinen Stab und verwandelte den Nil in einen Fluss voller Blut. Die Menschen hatten acht Tage lang nichts zu trinken und keine Möglichkeit, sich zu waschen. Doch Pharao hörte noch immer nicht auf Musas Warnung.

Da tauchte eine Wolke voller Heuschrecken auf. Sie fielen über das Land her und fraßen alles Getreide auf. Danach schwärmten Millionen von Fröschen aus den Sümpfen und vernichteten die Heuschrecken. Alle Weidetiere wurden krank und verendeten elendig. Auch brachen Hagelstürme herein und es kam zur Hungersnot. Viele Menschen wurden von schrecklichen Krankheiten befallen. Aber Pharao war noch immer stolz und wollte nicht glauben.

Schliesslich schickte Allah den Todesengel aus, der Friede sei auf ihm. Musa, der Friede sei auf ihm, riet den Gläubigen: „Schlachtet ein Schaf und kennzeichnet eure Türen mit seinem Blut! Denn in jedes Haus, das diese Markierung nicht hat, wird bei Nacht der Todesengel kommen und das älteste Kind der Familie mit sich nehmen!" Die Gläubigen taten, wie Musa ﷺ ihnen geraten hatte, und ihre Häuser blieben verschont. Ansonsten ging überall in Ägypten der Tod um, ganz gleich, ob es kleine Hütten oder aber Paläste waren.

Die Ägypter beklagten ihre Toten. Während sie trauerten und die Toten begruben, führten Musa ﷺ und Harun ﷺ die Gläubigen aus Ägypten heraus. Der Friede sei auf ihnen beiden. Sie nahmen ihr Hab und Gut mit sich und zogen langsam davon.

Pharao bemerkte die Flucht der Banu Israil und sammelte seine Armee, um sie einzuholen. Schon bald waren die Gläubigen zwischen Pharaos Heer und dem Meer eingeschlossen. Nun waren die Gläubigen ernsthaft in Gefahr und es kamen Zweifel in ihnen auf. Doch Allah schickte ihnen Seine göttliche Hilfe. Musa, der Friede sei auf ihm, schlug auf Allahs Befehl hin mit seinem Stab auf das Meer und die Wasser begannen, sich zu teilen. Das Meer wurde wie von zwei Wällen rechts und links aufgehalten und dazwischen öffnete sich ein Weg. Musa ﷺ ging als erster und die Gläubigen folgten ihrem Propheten auf diesen Wege in die Freiheit.

Als Pharao ihnen mit seiner Armee folgen wollte, brachen die zwei Wälle in sich zusammen und er ging mit all seinen Soldaten in den Fluten unter.

Jetzt waren die Gläubigen frei doch hatten sie kein eigenes Land. Sie blieben in der Wüste, während Musa, der Friede sei auf ihm, losging, um

Rat bei seinem Herrn zu holen. Er stieg auf den Berg, der sich nahe der Stelle erhob, wo einst der brennende Busch gewesen war und wo er das erste Mal mit Allah gesprochen hatte. Dort betete und fastete er.

Allah sprach zu Musa, der Friede sei auf ihm, wie zu einem geliebten Freund und Musa ﷺ antwortete Ihm. Doch nach und nach stieg in ihm das Bedürfnis auf, Allah mit seinen eigenen Augen zu sehen und er bat Allah um die Erfüllung seines Wunsches. Nach einer Weile gewährte Allah es ihm. Er sagte Musa, der Friede sei auf ihm, dass Er sich ihm zu erkennen geben würde, und zwar auf dem Berge direkt gegenüber von der Stelle, an der Musa ﷺ niederkniete. Als der erste Strahl von Allahs Licht auf den Berg fiel, zerbrach dieser in sieben Teile und zerfiel dann zu Staub. Darunter waren drei kleine Kieselsteine, die später einem andern Propheten nützlich werden sollten. Von diesem Zeitpunkt an trug Musa, der Friede sei auf ihm, einen Schleier über seinem Gesicht. Denn sein Gesicht strahlte mit einem so starken Licht, dass die Gläubigen ihn nicht hätten anschauen können, ohne blind zu werden.

Musa, der Friede sei auf ihm, wurde das heilige Buch, die Thora, geschickt. Sie war von Engeln auf Steintafeln gemeißelt. Sie riet den Menschen, Allah allein zu dienen und nur Ihm gegenüber dankbar zu sein. Die Menschen sollten ihre Eltern ehren, nicht stehlen, töten oder Ehebruch begehen. Sie sollten die Menschen so behandeln, wie sie selbst behandelt werden wollten. Tiere durften sie nur schlachten, wenn sie etwas zu Essen brauchten. Sie sollten dabei den Namen Allahs über das Tier sprechen und es schnell und voller Barmherzigkeit töten. Einen Tag in der Woche sollten sie sich freihalten, um zu beten und jede Arbeit ruhen lassen.

Während Musa ﷺ auf dem Berg war und zu Gott sprach, führte Harun ﷺ die Menschen im Tal im Gebet. Der Friede sei auf ihnen beiden. Die Leute vermissten Musa ﷺ. Es schien ihnen, als ob ihr Prophet eine sehr lange Zeit auf dem Berg verbrachte, fastete und betete. Sie fühlten sich im Stich gelassen und heimatlos. Schon bald verloren sie die Geduld bei dem, was sie nicht verstehen konnten. Sie vergaßen die Wunder Allahs, die Er vollbracht hatte, um sie in die Freiheit zu führen und suchten nach etwas, was sie sehen und anfassen konnten.

Da kam Schaitan. Er flüsterte ihnen ein, dass sie sich ein Kalb aus Gold errichten und diesem Kalb dienen sollten. Es erinnerte sie an die Milch, den Reichtum und die Sicherheit, die sie in ihren Häusern in Ägypten zurückgelassen hatten. Harun, der Friede sei mit ihm, sprach und schimpfte mit ihnen, jedoch ohne Erfolg. Schließlich verließ er mit ein paar anderen standfesten Gläubigen sein Volk und ließ sich woanders nieder.

Als Musa, der Friede sei auf ihm, endlich mit der Thora in seinen Händen von dem Berge herunter kam, sah er was, seine Leute getan hatten. Seine Wut kannte keine Grenzen. Er warf die Steintafeln zu Boden. Da kehrten die meisten der göttlichen Worte zum Himmel zurück und was übrigblieb waren lediglich zwei zerbroche Tafeln mit den zehn Geboten. Die Leute sahen die Wut ihres Propheten und es tat ihnen leid, was sie getan hatten. Sie zerstörten das goldene Kalb und beteten um Vergebung. Allah vergab ihnen schließlich und versprach ihnen ein eigenes Land. So machten sie sich auf den Weg.

Als die Banu Israil sich dem versprochenen Land näherten, stellten sie fest, dass es von einem zornigen, kriegerischen Volk besetzt war. Die Banu Israil scheuten sich davor, gegen dieses Volk zu kämpfen und wagten nicht, das ihnen versprochene Land zu betreten.Allah strafte sie für ihren Mangel an Glauben und von nun an wanderten sie einsam und verlassen in der Wüste umher. Jeden Tag zogen sie los, um nach einem Platz zu suchen, an dem sie sich niederlassen konnten. Doch am Abend kamen sie immer wieder an der gleichen Stelle an, von der aus sie losgezogen waren. Vierzig Jahre lang führte Allah die Banu Israil auf diese Weise im Kreise herum, bis beide ihrer Propheten, Musa und Harun, gestorben waren. Der Friede sei auf ihnen. Zu dieser Zeit waren nur noch zwei derjenigen Männer am Leben, welche die beiden Propheten einst bei ihrem Auszug aus Ägypten begleitet hatten.

Möge Allah Musa und Harun segnen und ihnen Frieden schenken.

Yusha, der Friede sei auf ihm

„Oh mein Volk! Betrete das heilige Land, das Allah euch bestimmt hat;"

(Sure 5, 21)

18

Das Licht geht auf Yusha ﷺ über

Einer dieser Männer, die einst gemeinsam mit Musa und Harun Ägypten verlassen hatten, war Yusha, der Friede sei auf ihnen allen. Er war noch sehr jung gewesen, als er Musas Diener wurde und war bei allen wichtigen Ereignissen in Ägypten dabei gewesen: Er stand den beiden Propheten bei, als sie versuchten, Pharao zu überzeugen. Auch war er Zeuge der Wunder von Musa ﷺ und der schrecklichen Seuche. Wo immer Musa auch hinging - Yusha folgte ihm, der Friede sei auf ihnen. Eines Tages begleitete Yusha Musa, der Friede sei auf ihnen, auf einer Reise Richtung Süden dem Nil entlang. Musa war auf der Suche nach einem weisen Mann mit dem Namen Khidr, der Friede sei auf ihm. Er wollte von ihm lernen, da er ihm an Weisheit weit überlegen war. Allah hatte Musa ﷺ die Gegend beschrieben, wo er Khidr finden konnte und gesagt: „Nimm dir als Wegzehrung einen getrockneten Fisch mit. An der Stelle, wo dieser Fisch wieder lebendig wird und im Fluss davonschwimmt, wirst du Meinen auserwählten Diener treffen!"

Doch es war nicht Musa ﷺ, der dieses Wunder Allahs mit eigenen Augen sah, sondern Yusha ﷺ. Er trug die ganze Zeit über Musas Proviantbeutel. Als die beiden einmal eine kleine Rast machten, schlief Musa ﷺ ein. Da wurde der Fisch plötzlich lebendig und schwamm davon. Nachdem Musa ﷺ wieder erwacht war, setzten er und Yusha ﷺ den Weg fort. Sie waren schon ein ganzes Stück gegangen, als Yusha ﷺ sich plötzlich an das Ereignis erinnerte. Er sagte: „Oh mein Prophet, ich habe vergessen, was ich dir gleich hätte sagen sollen: Während du schliefst, schlüpfte der Fisch aus meiner Tasche und verschwand in den Fluten des Flusses." Da rief Musa ﷺ aus: „Das ist das Zeichen! Schnell, lass uns umkehren!" Sie eilten zu der Stelle zurück, an der sie zuvor gerastet hatten und trafen dort tatsächlich auf Khidr, der Friede sei auf ihm.

Musa ﷺ wollte nun mit ihm gehen, um von ihm zu lernen. Khidr aber warnte Musa ﷺ, dass er nicht stark und geduldig genug sein werde, um ihm zu folgen. Doch Musa ﷺ bestand darauf und so gingen sie schliesslich los. Yusha ﷺ aber ging zurück und wartete auf Musas Rückkehr bei seinem Volk. Der Friede sei auf ihnen allen.

Musa ﷺ und Khidr fuhren mit einem kleinen Boot über den Fluss. Der Besitzer des Bootes war sehr freundlich und verlangte kein Geld. Als sie aber am anderen Ufer angelangt waren, schlug Khidr, der Friede sei auf ihm, im Schutze der Dunkelheit ein Loch in den Boden des Bootes. Musa ﷺ war schockiert, der Friede sei auf ihm. Er rief: „Was tust du da? War der Bootsmann nicht gut zu uns? Warum zerstörst du nun sein Boot?" Doch Khidr antwortete ihm nur: „Habe ich dich nicht gewarnt, dass du mir nicht mit Geduld folgen kannst?" Da bat Musa ﷺ ihn um Verzeihung und schwieg betreten.   Sie setzten ihren Weg fort. Nach einer Weile trafen sie auf Kinder, die am Wegesrand spielten. Unter diesen Kindern gab es einen Jungen, der besonders freundlich war und jeden, der vorbeiging, mit seinem süßen Lächeln einfi ng. Khidr, der Friede sei auf ihm, hob seine Hand und schlug den Jungen nieder, so dass er leblos liegen blieb. Musa, der Friede sei auf ihm, konnte sein Entsetzen nicht zurückhalten und sprach zu Khidr: „Oh Diener meines Herrn, was hast du getan? Wie kannst du nur ein unschuldiges Kind erschlagen?" Doch Khidr riet ihm erneut zur Geduld und

Musa ﷺ schämte sich für seine Voreiligkeit.

Sie gingen weiter und kamen zu einem Dorf, in dem sie die Nacht verbringen wollten. Niemand aus dem Dorf wollte ihnen aber zu Essen geben oder ihnen Gastfreundschaft gewähren. Die Leute waren unfreundlich und geizig. Bald schon kamen die beiden an das andere Ende des Dorfes. Dort stießen sie auf eine Ruine, deren eine Mauer kurz vor dem Einstürzen war. Khidr hiess Musa ﷺ ihm zu helfen, diese Mauer wieder neu aufzubauen. Der Friede sei auf ihnen beiden.

Musa ﷺ war auch diese Handlung unverständlich und er konnte nicht mehr länger an sich halten. Er wollte von Khidr eine Erklärung für seine Taten: „Oh mein Lehrer, warum hast du das Boot des großzügigen Mannes zerstört? Warum hast du ein unschuldiges Kind getötet? Und warum hast du ohne Lohn für Leute gearbeitet, die uns noch nicht einmal Wasser geben wollten?"

Khidr, der Friede sei auf ihm, antwortete ihm: „Von nun an können wir nicht länger zusammen reisen. Du zeigst zu wenig Geduld, um von mir zu lernen. Doch bevor sich unsere Wege trennen, gebe ich dir Antwort auf deine Fragen: Was den Bootsmann betrifft, verhält sich die Sache so: Es wird ein habgieriger König kommen und jedes Boot in gutem Zustand mitnehmen. Ich schlug ein Loch in das Boot, damit es unbrauchbar ist und der König das Boot liegen lässt. Der gute Besitzer kann es anschließend wieder reparieren und es auf diese Weise behalten. Der Junge, den ich getötet habe, war der Sohn eines Gläubigen. Sein Schicksal hätte ihn aber zu einem Verbrecher gemacht und er hätte dadurch seinen Eltern viel Kummer bereitet. Ich tötete ihn, solange er noch unschuldig war. Allah der Erhabene wird seinen Eltern noch viele weitere gute und gläubige Söhne schenken. Und die Sache mit der

Mauer hat auch eine tiefere Bedeutung: Die Ruine gehört Waisenkindern. Unter der Mauer ist ein Schatz vergraben, den ihr Vater für sie hinterlassen hat. Würde die Mauer zusammenstürzen, bevor die Kinder groß sind, dann würden die habgierigen Dorfbewohner diesen Schatz stehlen und die Kinder hätten nichts von ihrem Erbe."

Khidr erklärte Musa ﷺ also den tieferen Sinn, der sich hinter seinen Taten verbarg. Der Friede sei auf ihnen beiden. Khidr handelte aufgrund eines Wissens, das Allah selber ihm eingegeben hatte. Er hatte Musa ﷺ drei Lektionen erteilt und drei Prüfungen gestellt, die Musa ﷺ alle verfehlt hatte.

Die göttliche Weisheit, die für jeden von uns in dieser Geschichte liegt, ist: ganz gleich, wie viel einer weiß, es gibt immer jemanden, der noch mehr Wissen hat. Und ganz gleich, wie viel Wissen wir haben oder wie selbst ein großer Prophet es hat – das unbekannte und unerfahrbare Wissen über Allahs unendliche Schöpfung ist noch viel, viel größer.

Doch nun zurück zu Yusha, der Friede sei auf ihm. Als Musa, der Friede sei auf ihm, auf den Berg gestiegen war, um mit Allah zu sprechen, hatte Yusha ﷺ ihn begleitet und am Fuße des Berges gewartet. Auch hatte er Einspruch erhoben, als die Leute das goldene Kalb errichteten, und sich schützend an die Seite Haruns gestellt, der Friede sei auf ihm. Yusha ﷺ war immer ein gläubiger und gehorsamer Diener. Nun beauftragte Allah ihn, den Banu Israil noch bevor Musa ﷺ starb die Nachricht zu überbringen, dass er ihr nächster Prophet sein würde. Der Friede sei auf ihnen allen. Er würde derjenige sein, der sie in das Land führen würde, das Allah ihnen versprochen hatte.

Yusha, der Friede sei auf ihm, war zweiundachtzig Jahre alt, als Allah ihn zu Seinem Propheten machte. Achtundzwanzig Jahre lang leitete er die Banu Israil an, ihr eigenes Land auf der Grundlage der Gesetze Allahs aufzubauen, die in der Thora niedergeschrieben waren. Auch wenn er mittlerweile alt war, war er noch immer ein starker und mächtiger Krieger. Er führte seine Armee über den Jordan und eroberte ein Königreich nach dem anderen, bis er die Herrschaft über ein Gebiet hatte, das sich von Damaskus bis zum Meer im Westen erstreckte. Nach einer langen Belagerung gelang es ihm schließlich auch Jerusalem einzunehmen.

Die Banu Israil ließen sich nun in dieser Gegend nieder.

Ya´qub hatte zwölf Söhne gehabt: Yusuf ﷺ und Benjamin von seiner Frau Rahel und zehn andere Söhne von seiner ersten Frau Leah, Allahs Wohlgefallen sei auf den Frauen und Sein Friede auf den Propheten. Allah bestimmte, dass den Nachkommen eines jeden Sohnes ihr eigenes Gebiet und ihre eigene Wasserstelle zustehen sollte. Darum wurde das Land Israil, wie ihr Land genannt wurde, in zwölf gleichgroße Gebiete unterteilt.

Zu Beginn verlief alles gut. Die Banu Israil ehrten ihren Propheten und dienten Allah. Die ursprünglichen Bewohner des Landes waren zufrieden mit ihren neuen Herrschern, die sie gerecht und barmherzig behandelten. Doch nach und nach wurden die Gläubigen so verdorben wie die Menschen in den Nachbarländern. Sie hielten sich nicht länger an Allahs Gesetz, begannen zu spielen und dauernd Feste zu feiern. Sie stritten untereinander, vergaßen das Elend, dass ihre Eltern als Sklaven hatten erdulden müssen, und verhielten sich bald selbst wie Pharao. Sie behandelten die Ureinwohner ihres Landes schlecht, nahmen sich von ihnen, was sie wollten und wurden zu Tyrannen in dem Land.

Yusha ﷺ, der Friede sei auf ihm, zog sich angewidert in die Berge zurück, um zu beten und Allah zu dienen. Er ging aber dennoch in regelmäßigen Abständen in die Städte und erinnerte und warnte die Menschen dort. Doch sie hörten nicht auf ihn und ihre Verderbtheit und Arroganz machten Yusha

﷽ traurig.

Am Ende seines Lebens ging Yusha, der Friede sei auf ihm, noch ein letztes Mal zu seinen Leuten. Er erinnerte sie nochmals an den Gehorsam Allah gegenüber und ging mit ihnen auf gute, respektvolle und gerechte Weise um. Und dieses Mal hörten die Banu Israil ihrem Propheten endlich zu. Sie bereuten und ihr Verhalten tat ihnen leid. Als Yusha ﷺ sie dann verließ, um wieder auf den Berg zu gehen, weinten sie und versprachen, Allahs Gesetz nun wieder einzuhalten.

Yusha, der Friede sei auf ihm, starb friedlich mit einhundertzehn Jahren an dem Ort, an den er sich zurückgezogen hatte und wurde dort auch begraben.

Möge Allah Yusha segnen und ihm Frieden geben.

Israil ihrem Propheten endlich zu. Sie bereuten und ihr Verhalten tat ihnen leid. Als Yusha ﷺ sie dann verließ, um wieder auf den Berg zu gehen, weinten sie und versprachen, Allahs Gesetz nun wieder einzuhalten.

Yusha, der Friede sei auf ihm, starb friedlich mit einhundertzehn Jahren an dem Ort, an den er sich zurückgezogen hatte und wurde dort auch begraben.

Möge Allah Yusha segnen und ihm Frieden geben.

Samau´als, der Friede sei auf ihm

„Und ihr Prophet sagte zu ihnen: Seht, Allah hat euch den Talut als König

eingesetzt." (Sure 2, 148)

19

Das Licht geht
auf Samau´al ﷺ über

Nachdem Yusha, der Friede sei auf ihm, gestorben war, schickte Allah den Menschen mehr als achtzig Jahre lang keinen weiteren Propheten. In dieser Zeit vergaßen die Banu Israil ihre Reue und ihr Versprechen gegenüber Yusha ﷺ wieder. Sie fielen von den Gesetzen der Thora und von den Lehren ihrer Propheten ab. Allah strafte sie dafür durch Angriffe von Seiten ihrer Nachbarn, unter denen sie sehr zu leiden hatten. Zu diesen Angriffen von außen kam dann auch noch die Uneinigkeit im Inneren. Die zwölf Stämme begannen, untereinander zu streiten und sich gegenseitig zu bekämpfen. Sie hatten keinen gemeinsamen Führer, dem sie folgen konnten und ein jeder von ihnen wollte ein Führer sein.

Doch der größte Feind der Banu Israil war ein Volk, dessen König Goliath hieß. Goliath war groß und stark. Er sah die Zerrissenheit der Stämme Israels und sah seine Chance gekommen, sie anzugreifen. Er besiegte schnell die kleine Streitmacht, welche die Banu Israil aufgestellt hatten. Viel schlimmer aber war, dass Goliath die Bundeslade an sich nahm, welche die Banu Israil auf ihrem Kriegszug mitgeführt hatten, weil ein großer Segen mit ihr verbunden war. Die Bundeslade stammte aus der Zeit des Propheten Shit, der Friede sei auf ihm, und war von Prophet zu Prophet immer weitergegeben worden, bis sie zu den Banu Israil kam. Sie wurde wie ein Schatz gehütet. Was sie enthielt, weiß allein Allah, aber es sollen auch die restlichen Steinstücke der zerbrochenen Thora darin gewesen sein.

In dem Jahr, als die Lade verloren ging, brachte eine Frau namens Hannah einen Jungen zur Welt, Allahs Wohlgefallen sei auf ihr. Hannah hatte lange keine Kinder bekommen können. Sie hatte zu Allah gebetet und Ihm versprochen, ihr Kind dem Tempeldienst zu weihen, wenn sie durch Allahs Gnade doch noch ein Kind bekommen sollte. Allah erhörte schliesslich ihre Bitte und sie bekam einen Jungen, den sie Samau´al nannte, was „der Herr hört" bedeutet. Das Licht Muhammads, Friede und Segen seien auf ihm, schien von seiner Stirn wie die Sonne an einem klaren Tag. Hannah übergab den Jungen wie versprochen dem Tempel, wo er die Gesetze der Thora lernen sollte. Als Samau´al neunundzwanzig Jahre alt wurde, wurde ihm offenbart, dass Allah ihn zu Seinem Propheten bestimmt hatte. Der Friede sei auf ihm.

Samau´al, der Friede sei auf ihm, begann, im Land umherzureisen und er lehrte jeden, der ihm zuhörte. Er erinnerte sein Volk an sein Versprechen, an das Gesetz und an Allah, den einen Gott, der sie erschaffen hatte und der ihnen Liebe schenkte. Wo immer Samau´al hinkam gab es Angst und Verzweiflung. Die Menschen hatten Angst vor den Feinden, die sie umzingelten und waren verzweifelt, weil sie ohne die Lade und ohne einen Führer nicht würden überleben können. Die Banu Israil baten daher Samau´al, der Friede sei auf ihm, jemanden zu finden, den sie als König einsetzen könnten. Dieser solle schließlich ihre Feinde besiegen und ihnen die Bundeslade zurückbringen.

Samau´al, der Friede sei auf ihm, befürchtete, dass sich Vergangenes wiederholen könnte. Denn selbst als die Banu Israil einen Führer und einen Propheten gehabt hatten, hatten sie sich geweigert, zu kämpfen. Doch er tat, wie sie es wünschten und bat Allah, unter ihnen einen als König auszuwählen.

Und eines Tages geschah es, daß ein junger Mann mit Namen Talut zu

Samau´al kam, der Friede sei auf ihm. Er grüßte Samau´al und bat ihn um Hilfe, seine verlorenen Kamele wiederzufinden. Talut war ein großer Mann von angenehmer Gestalt, kam jedoch aus einer armen und unbedeutenden Familie. Allah offenbarte Samau´al, dass Er Talut zum König von Israil auserwählt hatte. Eines der Zeichen sei, dass die Bundeslade zu den Banu Israil zurückkehren würde.

Talut war sehr erstaunt. Er war ein armer Hirte, ungebildet und völlig unvorbereitet für eine solche Aufgabe. Die Banu Israil waren genauso unglücklich. Dies war nicht der König, den sie erwartet hatten und sie zweifelten an Taluts Fähigkeiten. Als sie jedoch miterlebten, wie die Bundeslade von Engeln an der Türschwelle des kleinen Hauses von Talut niedergelegt wurde, begriffen sie langsam: Der Wert eines Menschen liegt in seinem Herzen, unabhängig von seiner Erscheinung oder seiner Herkunft und darum hatte Allah den Talut ausgewählt.

Die Banu Israil sammelten sich nun um Talut und zogen mit ihm in den Kampf gegen Goliath. Als sie jedoch von der Größe der Armee hörten, die ihnen da entgegenkam, verloren sie ihr Vertrauen und ihren Mut. Da versprach Talut demjenigen, der Goliath töten würde, die Hochzeit mit seiner Tochter und die Königsherrschaft. Doch die Männer gaben einer nach dem anderen auf und kehrten um. Sie hatten wenig Standhaftigkeit und Taluts Armee wurde immer kleiner.

Als sie schließlich an einen Fluss anlangten, befahl Talut seinen Soldaten: „Trinkt nicht so viel Wasser, sonst werdet ihr krank und damit unfähig zum Kampf!" Dies war der erste Befehl, den Talut seinen Leuten erteilte. Doch sie gehorchten ihm nicht. Sie tranken und wurden kampfunfähig. Von den einhunderttausend Mann, die mit Talut ausgezogen waren, blieben nur viertausend übrig, die mit ihm in den Kampf zogen. Goliath trat ihnen mit der doppelten Heeresmacht, mit achttausend Mann, entgegen.

Der Mut der Banu Israil begann zu wanken. Der feindliche König Goliath war ein riesengroßer Mann, hoch gewachsen und sehr stark. Er überragte jeden und forderte Taluts Männer einzeln zum Kampf heraus, doch niemand trat vor. Talut fand keinen unter seinen Leuten, der bereit war, gegen Goliath zu kämpfen. Samau´al, der Friede sei auf ihm, ließ darum im Auftrag Allahs eine spezielle Rüstung anfertigen. Er übergab sie Talut. Derjenige, dem die Rüstung passte, sollte der Kämpfer für die Banu Israil sei.

Talut nahm die Rüstung und ließ sie einen jeden Mann der Banu Israil anprobieren. Doch sie passte keinem von ihnen.

Unter Taluts Soldaten waren die acht Söhne von Jesse, einem Nachfahren von Yaqub ﷺ. Sie waren mutig und probierten die Rüstung sogleich an. Doch zu ihrer Enttäuschung passte sie auch keinem von ihnen.

Sie hatten aber noch einen jüngeren Bruder namens Dawud ﷺ, der Friede sei auf ihm. Der war erst dreizehn Jahre alt und für sein Alter recht klein. Er hatte wunderschöne Augen und eine sehr süße Stimme. Sie war so schön, dass die Vögel jedes Mal aufhörten, zu zwitschern, wenn er zu singen begann. Sein Vater hatte ihn nicht mitkämpfen lassen, obwohl er derjenige war, der die Schafsherde seines Vaters vor den Löwen beschützte. Dawud ﷺ benutzte dazu eine Steinschleuder, mit der er sehr gut umgehen konnte. Jetzt aber durfte er nur helfen, seinen Brüdern den Proviant zu tragen.

Dawud ﷺ, der Friede sei auf ihm, war der Armee in etwas größerem Abstand gefolgt. Plötzlich holte er auf und als er sie erreicht hatte, erzählte er seinem Vater von einer seltsamen Begebenheit: „Ich sah Kieselsteine auf der Straße liegen. Drei dieser Kieselsteine grüßten mich und bestanden darauf, dass ich sie aufhebe und mitnehme!"

Dawud ﷺ hatte die Kieselsteine aufgehoben und in seine Tasche gesteckt. Es waren die drei Steinchen von dem Berg, der sich auflöste, als Musa ﷺ darum bat, Allah von Angesicht zu Angesicht zu sehen. Der Friede sei auf ihm.

Mittlerweile hatte auch Talut den Nachzügler entdeckt und er bestand darauf, dass auch der Junge die Rüstung ausprobiere, so, wie jeder andere auch. Zum allgemeinen Erstaunen passte sie ihm perfekt, obwohl er doch viel kleiner war als diejenigen, für die sie zu groß war.

Somit war klar, dass Dawud ﷺ von Allah auserwählt worden war, gegen den Riesen Goliath zu kämpfen. Der Friede sei auf ihm. Es war den Männern aber keineswegs klar, ob dies auch zum Sieg führen würde. Die Banu Israil bereiteten sich nun auf den Kampf vor und die Söhne von Jesse betrauerten schon im Voraus den Tod ihres kleinen Bruders.

Dawud ﷺ hatte Samau´als Rüstung ausgezogen, weil sie ihm zu unbequem war. Der Friede sei auf ihm. Er stellte sich gerade hin und blickte Goliath an. Dann nahm er seine Steinschleuder in die eine Hand und die drei Kieselsteine in die andere. Goliath machte sich über Dawud ﷺ lustig und spottete: „Oh Kind, geh zurück zu deiner Mutter!" Doch Dawud ﷺ, der Friede sei auf ihm, nahm seine Schleuder und zielte auf Goliaths Kopf. Er schoss alle drei Steine ab und Allah lenkte sie direkt auf ihr Ziel: die Stirn Goliaths. Als ihn die Steine trafen, fiel Goliath auf der Stelle tot um.

Goliaths Armee war schockiert und floh Hals über Kopf. Die Banu Israil jagten ihr noch hinterher und vertrieben sie endgültig aus ihrem Land. Und so hatten sie an diesem Tag einen großen Sieg errungen.

Samau´al und Dawud, der Friede sei auf ihnen, kehrten gemeinsam mit Talut zum Palast zurück. Der Weg war angefüllt von Menschen, die sangen und sich freuten. Da kam plötzlich Neid in Taluts Herzen auf. Die Leute feierten Dawud ﷺ mehr als ihn. Er beschloss, Dawud ﷺ seine älteste

Tochter nicht zur Heirat zu geben, wie er es eigentlich versprochen hatte.

Dawud ﷺ wohnte nun im Palast und fertigte von Hand Kettenhemden für die Soldaten, und zwar auf eine ganz neue Art und Weise, so, wie Allah es ihn lehrte. Taluts jüngere Tochter verliebte sich in Dawud ﷺ und bat ihren Vater, ihn heiraten zu dürfen. Doch Taluts Neid war nicht verblasst. Er schickte Dawud ﷺ, der Friede sei auf ihm, ohne den Schutz der Bundeslade in den Kampf gegen eine feindliche Armee in der Hoffnung, daß Dawud ﷺ dabei getötet werden würde. Doch Dawud ﷺ war mit Allahs Hilfe siegreich und so hatte Talut keine andere Wahl, als ihm seine Tochter zur Heirat zu geben.

Aber Schaitan hatte von Talut völlig Besitz ergriffen. Der König sah überall eingebildete Feinde, vor allem in dem liebevollen Herzen von Dawud ﷺ. Der Friede sei auf ihm. Jeder verehrte Dawud ﷺ mehr als Talut und so kannte seine Eifersucht bald keine Grenzen mehr. Samau´al, der Friede sei auf ihm, versuchte Talut zu besänftigen, doch er hatte keinen Erfolg. Er kehrte gemeinsam mit Dawud ﷺ nach Hause zurück, wo Samau´al starb und begraben wurde. Und es schien, dass Israil erst einmal wieder ohne einen Propheten war.

Möge Allah Samau´al segnen und ihm Frieden schenken.

Dawud, der Friede sei auf ihm

„Und Wir machten Dawud die Berge und die Vögel dienstbar, mit ihm
Unsere Lobpreisung zu verkünden." (Sure 21, 79)

20

Das Licht geht auf Dawud ﷺ über

Taluts Eifersucht war grenzenlos und er wurde immer unberechenbarer. Dawud, der Friede sei auf ihm, sah sich gezwungen, sein Leben zu retten und in die Wildnis zu fliehen. Er ließ seine Frau zurück und Talut verheiratete seine Tochter einfach mit einem anderen Mann. Dawud ﷺ war somit nicht mehr des Königs Schwiegersohn und die Soldaten konnten ihn jagen wie ein Tier. Doch Talut war den prüfenden Blicken der Priester und weisen Männer ausgesetzt. Sie hatten das Licht Dawuds gesehen und sie kannten Taluts Dunkelheit. Talut wollte das nicht ertragen und ließ sie darum alle umbringen.

In der Wildnis sammelten sich Männer aufrichtigen Glaubens um Dawud, der Friede sei auf ihm. Sie bildeten gemeinsam eine Gruppe von Soldaten, die an der südlichen Grenze des Königreichs Israil patrouillierte. Obwohl sie vom König geächtet waren, halfen sie ihm weiterhin, sein Reich zu schützen.

Allah hatte Dawud, der Friede sei auf ihm, eine besondere Fähigkeit gegeben. Er konnte die göttliche Liebe, die in sein Herz floss, in Worte und Musik fassen. Er hatte eine so schöne Stimme, dass die wilden Tiere zu ihm kamen, um ihm zuzuhören. Und die Menschen, die seine Stimme vernahmen, konnten meist nicht an sich halten und waren zu Tränen gerührt.

Sieben Jahre lang lebten Dawud, der Friede sei auf ihm, und seine

Leute in Höhlen, in denen sie sich vor dem König Talut schützten. Während dieser Zeit heiratete Dawud ﷺ mehrere Frauen und hatte viele Kinder.

Talut kam nach einer Weile wieder zur Besinnung. Er bereute den Umgang mit Dawud ﷺ und erkannte seinen Ungehorsam gegenüber Allah. Er wollte sich ändern und suchte nach Vergebung, wusste aber nicht, wie er sie erlangen konnte. Er hatte ja alle Priester und Weisen umbringen lassen, so dass jetzt niemand mehr da war, den er um Rat fragen konnte. Talut weinte Tag und Nacht, bis schließlich ein ihm wohlgesonnener Wächter ihm von einer alten weisen Frau erzählte. Talut suchte sie auf und sie riet ihm, an das Grab des Propheten Samuel ﷺ zu gehen und dort um Rat zu bitten. Talut tat es und erhielt am Grabe die Antwort, er könne Buße tun, indem er sich für den Kampf rüste und wie ein einfacher Soldat gegen die Feinde kämpfe. Außerdem solle er seine Söhne mitnehmen.

Talut und seine Söhne taten, wie ihnen geraten worden war und sie fielen im Kampf. Als Dawud, der Friede sei auf ihm, davon erfuhr, bedauerte er ihren Tod und hoffte, dass sie auf diese Weise Vergebung bei Allah erlangt hätten. Taluts hatte allerdings noch einen Sohn gehabt. Dieser erklärte sich nun selbst zum König und begann Dawud ﷺ genauso zu jagen, wie sein Vater es zuvor getan hatte.

Dawud, der Friede sei auf ihm, verbrachte seine Nächte im Gebet. Eines Nachts erschien ihm Djibriil, der Friede sei auf ihm, der den ganzen Himmel mit Licht erfüllte. Er offenbarte Dawud ﷺ die Prophetenschaft und gab ihm die ersten Verse eines Buches ein, das man Zabur, die Psalmen, nannte. Die ganze Nacht über war Dawud ﷺ im Zwiegespräch mit dem Erzengel, der ihn etwas von der Weisheit seines Herrn lehrte.

Die Banu Israil sammelten sich nun um Dawud, der Friede sei auf ihm. Das Licht Muhammads, der Friede und Segen seien auf ihm, schien inzwischen noch heller als zuvor von seiner Stirn. Die Soldaten verließen nach und nach Taluts Sohn, der schließlich von einem seiner eigenen Wächter umgebracht wurde.Und so wurde Dawud der König aller Israiliten und war auch ein Prophet Allahs. Er machte Jerusalem zu seiner Hauptstadt und brachte die Bundeslade dorthin. Er baute in der Nähe eines großen Felsens, der auf wundersame Weise in der Luft schwebte, eine Moschee. Seine Herrschaft dauerte vierzig Jahre lang. Während dieser Zeit erfolgte die gesamte Offenbarung des Zabur. Er enthielt einhundertundfünfzig Kapitel und war ein Buch mit Gesängen des Lobpreises für Allah.

Dawud , der Friede sei auf ihm, nahm seine erste Frau wieder zu sich und heiratete noch viele andere Frauen. Man sagt, er hätte insgesamt neunundneunzig Frauen und viele Kinder gehabt.

Und selbst als König fertigte Dawud, der Friede sei auf ihm, mit seinen eigenen Händen weiterhin Kettenhemden an, um sich und seine große Familie zu ernähren.

Allah der Allmächtige bestimmte, dass das Königtum Israil in der Familie von Dawud verbleiben sollte. Der Friede sei auf ihm. Doch Dawud hatte neunzehn Söhne, deren Gesichter alle das Licht Muhammads trugen, Friede und Segen seien auf ihm. Dawud befürchtete nun, dass sie nach seinem Tod in Streit geraten könnten, wenn nicht einer von ihnen zuvor als sein Nachfolger bestimmt würde.

Djibriil riet Dawud, der Friede sei auf ihnen beiden: „Lass in einem abgeschlossenen Raum voller Sand jeden deiner Söhne seinen Stab in den Sand pflanzen. Der Stab, der am nächsten Morgen grün und lebendig ist, zeigt an, wer der nächste König wird!"

Dawuds Söhne pflanzten ihre trockenen Stöcke ein und gravierten ihren Namen darauf. Als sie am nächsten Morgen nach dem Ergebnis schauten, sahen sie, dass der Stock von Suleiman ﷺ hochgeschossen war und grüne Triebe und Sprossen trug. Da war es eindeutig, dass Suleiman ﷺ der Thronfolger seines Vaters Dawud ﷺ war. Der Friede sei auf ihnen beiden.

Dawud ﷺ lebte einhundert Jahre. Er verließ diese Welt an einem Samstag. Er starb während des Gebetes und wurde in seiner Hauptstadt Jerusalem begraben.

Möge Allah ihn segnen und ihm Frieden schenken.

Luqman, der Friede sei auf ihm

„Und wahrlich, Wir gaben Luqman Weisheit:" (Sure 31, 12)

21

Das Licht geht auf Luqman ﷺ über

Luqman, der Friede sei auf ihm, wird im heiligen Quran als weiser Mann beschrieben. Einige sagen er war ein Prophet, andere sagen, er war ein Heiliger und Freund Allahs.

Er wurde in Nubia im unteren Ägypten geboren, zog aber in der Zeit von Dawud, der Friede sei auf ihm, mit seiner Familie in die Gegend von Jerusalem. Als Dawud ﷺ hörte, dass ein sehr weiser Mann schwarzer Hautfarbe im Königreich angekommen war, ging er sofort los, um ihn zu begrüßen. Er erinnerte damit die Leute daran, dass Allah Adam, der Friede sei auf ihm, aus dem Staub von jeder Gegend und aus allen Farben der Erde geformt hatte. Die Hautfarbe eines Menschen ist für Allah von keinerlei Bedeutung, nur der Zustand seines Herzens.

Luqman, der Friede sei auf ihm, hielt sein ganzes Leben über Adler. Er zog jeweils einen groß, fütterte ihn und behielt ihn bei sich vom Alter eines Jungadlers an bis er alt wurde. Er benutzte den älteren Adler immer dazu, einen jungen Adler zu trainieren und dann entließ Luqman ﷺ den alten Adler in die Freiheit. Die Lebensspanne eines Adlers umfasst achtzig Jahre. Luqman ﷺ zählte sein eigenes Alter anhand der Anzahl von Adlern, die er hatte. Als er im Königreich Israil ankam, hatte er bereits vier Generationen von Adlern großgezogen. Er musste damals also ungefähr dreihundertundzwanzig Jahre alt gewesen sein.

Luqman, der Friede sei auf ihm, erkannte sofort das Licht Muhammads, der Friede und Segen seien auf ihm, auf der Stirn Dawuds. Er wusste schon vor Dawud ﷺ selber, dass dieser ein Prophet werden würde. Der Friede sei auf ihm. Dawud ﷺ bat Luqman ﷺ, in Israil zu bleiben und ihm dabei zu helfen, die Leute zu führen. Denn die Banu Israil waren ständig in Gefahr, Allah zu vergessen und sich von ihrem Versprechen Ihm gegenüber wieder abzukehren. Auf diese Weise wurde Luqman ﷺ zum Lehrer der Banu Israil und diente Dawud ﷺ noch bevor dieser Prophet und König war. Später diente Luqman ﷺ Dawud ﷺ dann als offizieller Ratgeber.

Luqman, der Friede sei auf ihm, hatte einen kleinen Sohn, dem er so bedeutsame Weisheiten beibrachte, dass Allah es in Seinem heiligen Quran erwähnt hat. Und Allah verlieh Luqmans Worten noch weiteren Nachdruck, um allen Kindern den richtigen Umgang mit ihren Eltern beizubringen. Allah sagt sinngemäß: „Gehe freundlich und respektvoll mit deinen Eltern um. Deine Mutter brachte dich unter Schmerzen zur Welt und kümmerte sich um dich, als du dich noch nicht um dich selber kümmern konntest. Darum sei deinen Eltern und Allah gegenüber dankbar. Diene deinen Eltern, es sei denn, sie verlangen von dir, einem anderen als Allah zu dienen. Kümmere dich in diesem Leben um deine Eltern mit Freundlichkeit und Milde. Folge dem Pfad derer, die sich Allah zuwenden, denn Er ist das Ziel deiner Reise und Er wird dir am Ende all das erklären, was du nicht verstanden hast."

Luqman, der Friede sei auf ihm, gab seinem Sohn außerdem den Rat: „Oh mein Sohn, suche nicht nach göttlicher Macht außer bei Allah selbst. Denn zu meinen, es gäbe jemand anderen als Allah, der die Macht haben könnte, dir zu helfen, ist ein großer Irrtum." Und er fuhr fort: „Oh mein geliebter Sohn. Was immer auch in dieser Welt geschieht, mag es noch so klein und unbedeutend sein, Allah weiß davon. Es gibt nichts, was vor Ihm verborgen bleibt, sei es tief in der Erde oder hoch in den Himmeln. Allah weiß von allen Dingen. Darum verrichte regelmäßig das Gebet, rate den Menschen, was richtig ist, und verbiete ihnen, was falsch ist. Und welche Schwierigkeiten auch immer auf dich zukommen mögen, sei geduldig damit." Und Luqman ﷺ fügte noch hinzu: „Mein Sohn, schaue nicht auf andere Leute herab, als ob du besser wärst als sie. Allah liebt stolze Menschen nicht. Sei umgänglich und bescheiden in deinem Verhalten und sprich auf höfliche und angenehme Weise, damit deine Worte nicht wie die Stimme eines Esels klingt."

Luqman, der Friede sei auf ihm, zog noch drei weitere Adler in seinem Leben auf. Insgesamt waren es also sieben. Er lebte bis in die Zeit des Propheten Yunus, Friede und Segen seien auf ihm, und starb schließlich im Alter von fünfhundertundsechzig Jahren.

Möge Allah Luqman segnen und ihm Frieden schenken.

Suleiman, der Friede sei auf ihm

„Und vor Suleiman versammelten sich Heerscharen – Djinn, Menschen und Vögel" ...

(Sure 27, 17)

22

Das Licht geht auf Suleiman ﷺ über

urz bevor Dawud starb kam der Erzengel Djibriil zu Suleiman, um ihm den nahenden Tod seines Vaters anzukündigen. Der Friede sei auf ihnen allen. Djibriil erinnerte Suleiman ﷺ daran, dass Allah ihn zum Nachfolger seines Vaters gemacht hatte. Dann fragte er ihn im Auftrag seines Herrn: „Würdest du lieber das Königreich erben oder Wissen erlangen?" Suleiman ﷺ antwortete Djibriil: „Ich ziehe das Wissen von Allah der Königsherrschaft und allen weltlichen Dingen vor!" Allah war mit seiner Antwort zufrieden und schenkte Suleiman ﷺ dafür sowohl Wissen als auch das Königreich.

An einem Freitag, der der zehnte Muharram, der Tag von Ashura war, gab Djibriil Suleiman ﷺ den Ring der Macht, der wie ein Stern im Himmel funkelte. Dieser Ring hatte ursprünglich Adam ﷺ gehört, als er noch im Paradies gewesen war. Adam ﷺ hatte ihn jedoch verloren als er aus dem Paradies vertrieben wurde. Der Friede sei auf ihnen allen.

Suleiman, der Friede sei auf ihm, band sich den königlichen Turbanstoff seines Vaters Dawud ﷺ um den Kopf und nahm den Stab von Musa ﷺ in die Hand. Er rollte die Flagge von Yusuf ﷺ auf und steckte sich den Ring Adams an den Finger. Der Friede sei auf ihnen allen. Dann ging er in seiner ganzen majestätischen Macht und Pracht hinaus zu seinem Volk. Er war der Befehlshaber Allahs des Sichtbaren und des Unsichtbaren und mit

Seiner Erlaubnis der größte Sultan aller Zeiten.

Der Wind wehte auf sein Geheiß und trug ihn, wohin immer er wollte. Die Djinnen dienten ihm und brachten Schätze aus den Tiefen der Erde und des Meeres, die sie zu schönen Dingen formten. Sie fertigten für Suleiman ﷺ einen Teppich von der Größe von drei Quadratmeilen an. Dieser Teppich war wunderschön gemustert und mit magischen Symbolen versehen. Sulaimans Thron stand auf ihm und war umgeben von zweitausend Sitzen für die heiligen Männer und Seher, die er ständig als seine Ratgeber bei sich hielt. Dahinter befand sich eine Reihe mit zwölftausend Sitzen für die Priester und Lehrer. Außerdem gab es noch siebzigtausend Gebetsplätze für die Heiligen und Derwische, die Gottesmänner, die stets Allah priesen und in das Gedenken an Ihn, in das Dhikr, vertieft waren. Und der Wind brachte diesen Teppich überall dorthin, wohin immer Suleiman wollte, der Friede sei auf ihm. Auf diesem Teppich reiste Suleiman umher, der Friede sei auf ihm, um die wunderbaren Zeichen Allahs in Seiner Schöpfung kennen zu lernen. Und wo immer er hinkam brachte er das Wissen um Allah, den einen Gott, Seine Gesetze und Seinen Frieden.

Suleimans Gerechtigkeit ist legendär. Schon als Kind war Suleiman ﷺ an den Aufgaben und Geschäften seines Vaters, des Sultans, interessiert. Er wohnte dem Gericht seines Vaters bei und beobachtete genau, was dort vor sich ging. Dann zog er los und spielte das Geschehen mit seinen Spielgefährten nach. Dabei gab er oft Urteile ab, die weiser und gerechter als die seines Vaters, des Königs Dawud ﷺ, waren. Manchmal ging ihm sein Vater hinterher, versteckte sich in der Nähe und hörte zu. Auf diese Weise bezog Dawud ﷺ von seinem Sohn Suleiman ﷺ oft guten Rat.

Allah hatte Suleiman, der Friede sei auf ihm, die Gabe gegeben, die Sprache der Tiere zu verstehen. Eines Tages führte Suleiman ﷺ seine Armee durch das Land. Mit einem Male hörte er, wie eine kleine Ameise den anderen Ameisen riet, schneller zu laufen, weil sie ansonsten alle zertrampelt würden. Die Ameise war regelrecht entsetzt, wie ein so grosser König einfach eine kleine Armeisenkolonie zerstören konnte. Suleiman ﷺ war sehr betroffen und befahl in seiner Bescheidenheit seiner großen Armee einen weiten Bogen um die Ameise und ihre Kolonie zu machen.

Suleiman der Friede sei auf ihm, pfl egte sich regelmäßig mit den Vögeln zu beraten. Sie berichteten ihm über den Zustand seines Königreiches, wie sie es aus der Luft her beobachten konnten. Eines Tages fiel dem Sultan auf, dass der Wiedehopf schon sehr lange nicht mehr zu ihm gekommen war. Als er schließlich wieder erschien, erzählte der Wiedehopf Suleiman ﷺ von einem wunderbaren Königreich im Süden Arabiens, im Jemen. Es würde von einer sehr schönen und weisen Königin regiert, deren Name Bilqis sei. Ihr Volk bete aber die Sonne an und nicht Allah.

Suleiman, der Friede sei auf ihm, schickte sofort einen Brief an diese Königin. Er lud sie in sein Königreich ein, um von Allah, ihrem Schöpfer, zu erfahren. Er wählte den Wiedehopf als Boten aus, ihr den Brief zu überbringen.

Bilqis, Allahs Wohlgefallen sei auf ihr, fürchtete Sulaimans klare Worte über Allah, der Friede sei auf ihm. Sie wusste auch, dass er, wenn sie sich ihm mit ihrem Heer entgegenstellen würde, mit seiner Armee kommen und alles zerstören würde. Darum beschloss sie, ihm ein Geschenk zu machen. Sie suchte das Beste von dem zusammen, was sie besaß: Gold- und Silberbarren, die größten Perlen, die sie finden konnte, so groß wie Pfaueneier, und Schmuck von unschätzbarem Wert.

Als Suleiman, der Friede sei auf ihm, diese Geschenke erhielt, schickte er sie Bilqis gleich gemeinsam mit einem weiteren Brief wieder zurück. Er schrieb ihr darin, dass das Wissen um Allah, das er ihr angeboten hatte, von viel größerem Wert war als die materiellen Dinge, die sie ihm angeboten hatte. Das einzige Geschenk, das er sich von ihr wünsche, sei, dass sie den Glauben an Allah annehme. Und wieder lud er sie zu sich ein.

Bilqis, Allahs Wohlgefallen sei auf ihr, erkannte, dass Suleiman ﷺ kein gewöhnlicher König war. Der Friede sei auf ihm. Doch war sie stolz und dachte weiterhin, dass ihre Art, die Dinge zu verstehen, die richtige war. Sie sammelte ihr ganzes Heer und zog in Richtung Norden.

Suleiman ﷺ, der Friede sei auf ihm, ließ extra einen Palast errichten, um Bilkis dort zu empfangen. Er befahl den Djinnen einen zwanzig Meilen langen, quadratischen Platz aus goldenen und silbernen Kacheln mit reichlichen Verzierungen anzulegen. An allen Seiten stellte er Djinnen und Ifrits, verschiedene Arten von Drachen und Monster, auf. In die Mitte des Platzes stellte er seinen großen Thron und direkt daneben einen weiteren Thron, der genauso aussah wie der Thron von Bilqis. Der Zugang und Vorhof zu diesem prächtigen Palast bestand aus einer Halle, deren Boden aus Glas gemacht war. Das Glas spiegelte aber so sehr, dass es wie Wasser aussah.

Als Bilqis, Allahs Wohlgefallen sei auf ihr, in diesem Palast ankam und die Halle mit dem spiegelnden Boden sah, fürchtete sie sich, denn sie dachte, es wäre Zauberei. Nach einigem Zögern überwand sie aber ihre Furcht, vertraute ihrem Herzen, hob ihren Rock ein wenig und betrat den Hof. Da wurde ihr klar, dass ihre Augen sie betrogen hatten. Es gab kein Wasser und ihre Füße blieben trocken. Die Dinge sind nicht immer so, wie sie erscheinen.

Bilkis näherte sich Sulaimans Thron. Der Friede sei auf ihm. Als sie schon dicht vor ihm stand, sah sie etwas, was nicht wahr sein konnte: Neben Sulaimans Thron stand ihr eigener Thron, den sie in ihrem Palast zurückgelassen hatte. Suleiman ﷺ, der sich hinter dem Vorhang seines Thrones verborgen hielt, fragte: „Ist dieser Thron dein eigener, oh Königin?"

Und da Bilqis gerade gelernt hatte, dass das, was die Augen wahrnehmen, nicht immer zu einem zuverlässigen Urteil führt, antwortete sie: „Dieser Thron sieht aus, als wäre er meiner."

Suleiman, der Friede sei auf ihr, erkannte an Bilqis Antwort, dass sie sehr klug und auch bescheiden war. Er trat hervor und begrüßte sie. Ihr Herz war offen und sie sah, dass sein Gesicht voll von göttlichem Licht war. Sie akzeptierte Allah als ihren Schöpfer und Suleiman als ihren Propheten, der Friede sei auf ihm. Und bald darauf heirateten sie.

Dawud, der Friede sei auf ihm, hatte zu seinen Lebzeiten in Jerusalem mit dem Bau einer großen Moschee begonnen. Er hatte sie aber nicht vollenden können und Suleiman, der Friede sei auf ihm, setzte das Werk seines Vaters fort. Er beauftragte die Djinnen damit, alle Kostbarkeiten der Erde zusammenzutragen, um aus ihnen die Mauern des herrlichen Gotteshauses zu errichten. Tag und Nacht hielt Suleiman ﷺ die Djinnen dazu an, dieses Gotteshaus zu bauen und zu schmücken. Als Suleiman ﷺ spürte, dass sein Tod nahte, bat er Allah innigst darum, die Moschee noch vollenden zu können. Er wusste, die Djinnen würden mit ihrer Arbeit aufhören, wenn er nicht mehr da sein würde. Und so ließ Allah Suleiman ﷺ sterben, als er gerade auf seinen Stab gestützt an einem Fenster seines Palastes stand, von dem aus er über die Moschee blicken konnte. Die Djinnen dachten, dass er noch immer am Leben sei, und setzten ihre Arbeit fort. Erst als die Moschee vollendet war, ließ Allah es zu, dass der Stab, von Würmern zerfressen, zu Staub zerfiel.

Dieser Stab war nicht der Stab von Musa gewesen, der Friede sei auf ihm. Diesen hatte Allah bereits vorher von der Erde genommen und versteckt.

Jetzt erst wurde den Menschen und den Djinn klar, dass Suleiman, der Friede sei auf ihm, sie verlassen hatte. Niemand weiß, wo er begraben liegt.

Doch auf seine Bitte hin werden jedem, der an seiner Moschee zwei Rakat, das heißt zwei Gebetseinheiten, betet, seine vorherigen Sünden vergeben.

Möge Allah Suleiman segnen und ihm Frieden schenken.

Ilyas, der Friede sei auf ihm

„Und Zacharias und Yahya und ´Isa und Ilyas: Alle waren

Rechtschaffene!" (Sure 6, 85)

23

Das Licht geht auf Ilyas ﷽ über

Aach dem Tode Sulaimans, der Friede sei auf ihm, wurde sein Sohn Rehoboam König. Er war aber kein Prophet wie sein Vater und die rebellischen Stämme Israils lehnten seine Herrschaft ab. Zehn der Stämme sagten sich von Rehoboam los und setzten ihren eigenen König ein. Israil teilte sich in zwei Teile auf, den Norden und den Süden. Im Norden herrschte Rehoboam. Zu seinem Reich gehörte die Hauptstadt Jerusalem, der Tempel von Suleiman ﷺ und auch die Bundeslade. Im Süden kehrten die Leute dahin zurück, Götzen zu dienen und ihren Begierden zu folgen. Die beiden Teile des Reiches bekämpften sich mehr als siebenundfünfzig Jahre lang. Während dieser Zeit übernahm Jehoshaphat, Rehoboams Sohn, die Herrschaft im Norden und Ahab die Herrschaft im Süden.

Während eines Jagdausfluges traf Ahab einmal auf einen Mann, dessen Stirn ein Licht trug, das so sehr leuchtete wie ein Lichtsignal im dichten Nebel. Ahab fragte ihn: „Wer bist du und woher kommst du?" Der Mann antwortete ihm: „Ich heiße Ilyas ﷺ und stamme von Harun ﷺ, dem Propheten, ab."

Ilyas, der Friede sei auf ihm, war im gleichen Alter wie Ahab. Beide waren sie ungefähr fünfundzwanzig Jahre alt und wurden schnell gute Freunde. Ahab sah Ilyas ﷺ Licht und vertraute ihm. Ilyas ﷺ berichtete von seinen Vorfahren, den Propheten, und von Allah und unterhielt sich mit Ahab auf sehr ernsthafte Weise. Ahab nahm dankbar die Ratschläge von Ilyas ﷺ an und beschloss, sich und seine Herrschaftsweise zu ändern.

Ahab hatte jetzt den Wunsch, sich mit seinem Nachbarn wieder zu versöhnen. Er traf sich mit Jehoshaphat und schloss einen Waffenstillstand. Das Königreich war wieder vereint und die Menschen lebten im Frieden. Sie mochten Ilyas, der Friede sei auf ihm, und hörten auf seine Worte. Die allgemeinen Umstände schienen sich zu bessern. Doch der eifersüchtige Schaitan wartete nur auf seine Gelegenheit, alles zu zerstören.

Und Schaitan fand, wonach er suchte. Er sah, dass Ahab eine Schwäche hatte und brachte ihn dazu, sich in eine junge Prinzessin zu verlieben, die nicht Allah verehrte, sondern den Götzen diente. Ihr Name war Izebel und sie war erst fünfzehn Jahre alt. Izebel war nicht nur sehr schön, sondern auch sehr hartherzig und liebte nur sich selbst. Sie wollte nicht nur Königin sein, sondern auch angebetet werden. Ahab wollte Izebel heiraten, doch sie sagte ihm: „Oh Ahab, ich werde dich nur heiraten, wenn du eine große Statue errichten lässt, die mein Abbild trägt und die Leute dazu bringst, dieser Statue zu huldigen!"

Ahab war blind vor Liebe. Er erklärte sich damit einverstanden zu tun, was Izebel von ihm forderte. Da er sich aber vor seinem Freund Ilyas, der Friede sei auf ihm, schämte, vermied er es, ihn zu treffen. Er gab nur den Banu Israil seine Pläne bekannt: Er wolle einen Tempel erbauen mit einer großen Götzenfigur in der Mitte. Ihr Körper solle die Gestalt einer Kuh haben und ihr Kopf dem Gesicht Izebels gleichen. Dann machte er den Menschen klar, dass sie die Erde, die Kuh und die Frau als Symbol der Lebensspendenden Macht verehren und anbeten müssten.

Ahab war von der Liebe zu Izebel betört. Ilyas, der Friede sei auf ihm, war über Ahabs Vorhaben sehr erbost. Er sah jedoch schnell ein, dass Worte zwecklos waren und verließ den Palast und seinen Freund. Das Volk aber war von der Idee bereits gefangen. Es war verblendet und verdreht und so konnte der Bau des Tempels und der Götzenfigur beginnen. Als die Statue fertig war, nannten die Leute sie Baal.

Die Hochzeit zwischen Ahab und Izebel fand statt. Doch Izebel hatte noch nicht genug. Sie verlangte von ihrem Mann alle diejenigen dem neuen Götzen zu opfern, die ihm nahe standen. Ahab war zwar sehr erstaunt, so etwas von einem erst fünfzehn Jahre alten Mädchen zu hören. Doch war er wie von Sinnen und tat, was sie wollte. Izebel war es aber noch immer nicht zufrieden. Alle Priester, die noch auf Ilyas hörten, der Friede sei auf ihm, störten sie. Darum ließ sie alle vierhundert Priester umbringen und der Tempel schwamm regelrecht in Blut.

Ilyas ﷺ, der Friede sei auf ihm, ging von Stadt zu Stadt und predigte. Einige Leute hörten ihm zu, andere schlugen ihn. Nach einer Weile gab er auf und zog sich in die Berge zurück, um dort in einer Höhle zu leben. Bevor er die Leute verließ, erzählte er ihnen, was Allah ihm eingegeben hatte: „Die Königin wird ein krankes Kind zur Welt bringen, denn weder in ihr noch in ihrer Götzenfigur steckt irgendeine lebensspendende Kraft."

Es geschah, wie Ilyas, der Friede sei auf ihm, es vorausgesagt hatte. Ahab und Izebel bekamen ein Kind, das aber schon bald sehr krank wurde. Ahab stand mittlerweile vollkommen unter dem Einfluss seiner Frau, der Königin, und glaubte, dass Ilyas ﷺ dem Kind etwas Schlechtes angetan hatte. Doch Allah beschützte seinen Propheten und Ahab konnte ihm nichts tun.

Die Königin beschloss, dass es nötig wäre, ihren Sohn in Blut zu baden, damit er geheilt werden könne. Sie befahl also, alle Kinder Israils zu töten, damit ihr Sohn am Leben bleiben könne. Und so geschah es. Das Blutbad wurde angerichtet, aber die Krankheit wich nicht von Izebels Kind.

Ahab wusste tief in seinem Innern, dass das Heilmittel für seinen Sohn einzig die reine Kraft von Ilyas ﷺ sein konnte, der Friede sei auf ihm. Denn Ilyas ﷺ Kraft kam direkt von der Quelle allen Lebens, von Allah dem Allmächtigen. Ilyas ﷺ bekam aber von Allah keine Erlaubnis, das Kind zu heilen, und so starb es.

Ilyas, der Friede sei auf ihm, begann daraufhin wieder den Leuten zu predigen und hoffte, dass sie die Verehrung von Baal aufgeben würden. Und immer wenn er bei ihnen war, fiel es ihnen nicht einmal ein, ihn zu töten oder ihn gefangen zu nehmen. Ilyas ﷺ warnte die Menschen vor der Strafe Allahs. Er sagte ihnen, daß es keinen Regen mehr geben würde, daß nichts Essbares mehr wachsen und so die Hungersnot ausbrechen würde. Doch die Leute waren stur und wollten ihm nicht glauben.

Und wieder geschah, was Ilyas ﷺ vorausgesagt hatte, der Friede sei auf ihm. Auf einmal regnete es nicht mehr, die Tiere starben, die Felder vertrockneten und die Menschen fielen in großes Leid. Aber trotz allem waren sie wenig einsichtig. Ilyas ﷺ Worte prallten an ihnen ab und sie gingen weiterhin zu dem Götzen Baal und opferten und huldigen ihm.

Ilyas ﷺ, der Friede sei auf ihm, ging in den Süden und wanderte dort von Dorf zu Dorf. Allah gab ihm die Wunderkraft, auf Seinen Befehl hin frisch gebackenes Brot hervorzubringen. Und so kam jeder, der Ilyas ﷺ zu sich einlud, in den Genuss von frischem Brot. Nach einer Weile erkannten die Leute schon am Duft des Brotes, an welchen Plätzen Ilyas ﷺ vorbeigekommen war, der Friede sei auf ihm. Aber trotz dieses Wunders lehnten die Leute weiterhin den Glauben ab.

Ahab war außerdem noch immer dem Wahn verfallen. Er erließ den Befehl an seine Soldaten, einen jeden zu töten, in dessen Umgebung der Geruch von Brot zu riechen war. Und so wollte schließlich niemand Ilyas ﷺ

mehr einladen, der Friede sei auf ihm, auch wenn die Menschen noch so sehr unter dem Hunger litten.

Endlich befahl Allah Ilyas, der Friede sei auf ihm, Israil zu verlassen. Er sollte in eine Stadt nahe am Meer gehen und dort eine alte Witwe aufsuchen. Diese alte Frau und ihr früherer Mann waren Nachfahren Yusufs, der Friede sei auf ihm. Als sie beide schon über neunzig Jahre alt waren, war in ihnen plötzlich der starke Wunsch aufgekommen, ein Kind zu haben. Sie waren die letzten Gläubigen in ihrer Stadt und wollten die Liebe zu Allah nicht aussterben lassen. Darum hatten sie Allah um einen Sohn gebeten und Allah hatte ihre Gebete erhört. Als ihr Sohn geboren wurde, hatten sie ihn Al-Yasaʿ ﷵ genannt, was „möge es Gott gefallen" bedeutet. Als Al-Yasaʿ ﷵ dann vier Jahre alt war, starb sein Vater und seine Mutter war von da an mit ihm alleine gewesen.

Ilyas, der Friede sei auf ihm, fand das Haus der Witwe. Als sie sah, dass Licht von ihm ausging und voller Kraft von seiner Stirn strömte, lud sie ihn zu sich ein. Ilyas ﷵ nahm die Einladung an und traf Al-Yasaʿ ﷵ.

Ilyas, der Friede sei auf ihm, blieb zwei Monate lang im Haus der Witwe. Oft stand er mit Al-Yasaʿ ﷵ gemeinsam auf dem Balkon und schaute ihm bei seiner Lieblingsbeschäftigung zu: Al-Yasaʿ ﷵ beobachtete leidenschaftlich gerne die Delphine, wie sie im Meer spielten. Doch eines Tages wurde Al-Yasaʿ ﷵ plötzlich sehr krank. Es schien so, als müsse er sterben. Ilyas, der Friede sei auf ihm, betete zu Allah: „Oh mein Herr, rette diesen Jungen und erhebe ihn in den Rang eines Deiner besonderen Diener!" Und schon bald nach diesem Gebet atmete Al-Yasaʿ ﷵ tief durch und konnte aufstehen, so, als wäre er nie krank gewesen.

Allah befahl Ilyas, der Friede sei auf ihm, zu dem König Ahab zurückzugehen. Es waren inzwischen vier Jahre vergangen, in denen es nicht geregnet hatte. Ilyas ﷺ und Ahab trafen eine Übereinkunft: Ahab solle Baal um Regen bitten und wenn es daraufhin regnen würde, dann würde Ilyas ﷺ das Land verlassen. Wenn aber kein Regen kommen würde, dann wäre Ilyas ﷺ an der Reihe und solle Allah um Regen bitten. Wenn es nun daraufhin tatsächlich regnen würde, müsse Ahab schließlich seine Baalstatue zerstören.

Zuerst beteten Ahabs Priester, doch nichts geschah. Dann betete Ilyas, der Friede sei auf ihm und Allah erhörte sein Gebet: Es begann zu regnen. Das Land wurde wieder grün und die Quellen füllten sich mit Wasser. Ilyas ﷺ hatte nun seinen Teil der Abmachung erfüllt, Ahab jedoch hielt sich nicht an sein Versprechen und ließ die Statue stehen.

Ilyas, der Friede sei auf ihm, wusste, dass nun die Strafe Allahs über die Leute kommen würde. Wieder warnte er Ahab und Izebel und das ganze Volk, aber noch immer schenkten sie Ilyas ﷺ Worten keine Beachtung. Da ging Ilyas ﷺ fort. Er war sehr traurig und weinte. Er glaubte, er hätte versagt und dass es nicht geschafft hätte, Allah und den Menschen gerecht zu werden.

Siebzehn Jahre lang dauerte die Strafe Allahs an. Kriege, Überfälle, ungerechte Herrscher, Krankheiten und Naturkatastrophen kamen über die Leute. Schliesslich konnten sie es nicht mehr ertragen. Die wütende Masse tötete Izebel und Ahab und warfen ihre Körper den Hunden zum Fraß vor.

Allah befahl Ilyas ﷺ Al-Yasa´ ﷺ zu suchen. Gemeinsam gingen sie in die Berge und zogen sich in eine Höhle zurück und Ilyas lehrte Al-Yasa´ alles, was er wusste. Der Friede sei auf ihnen beiden.

Möge Allah Ilyas segnen und ihm Frieden schenken.

Al-Yasa´ der Friede sei auf ihm

„Und Isma´il und Al-Yasa´ und Yunus und Lut: Wir zeichneten sie alle vor
den Menschen der Welt aus." (Sure 6, 86)

24

Das Licht geht auf Al-Yasa´ ﷺ über

Ilyas, der Friede sei auf ihm, wurde allmählich alt. Je älter er wurde, desto mehr Traurigkeit kam über ihn. Er hatte von den Menschen, zu denen Allah ihn geschickt hatte, viel Verfolgung und Feindseligkeit ertragen müssen. Es war seine Aufgabe gewesen, ihnen zu helfen. Doch die meisten Menschen hatten ihn abgelehnt und seine Bemühungen waren erfolglos geblieben. Jetzt war er müde und er erkannte, dass seine Tage auf der Erde gezählt waren. Er wollte diese Welt verlassen. Zuvor bat er Allah aber noch um zwei Dinge: Er wünschte sich als erstes, dass seine eigenen Leute ihn am Ende nicht auch noch umbringen würden. Sie sollten wenigstens von dieser Last, der Sünde des Prophetenmordes, bewahrt bleiben. Sein anderer Wunsch war, die Zeit des letzten Propheten Muhammad, der Friede und Segen seien auf ihm, miterleben zu dürfen. Ilyas wollte ihn so gerne selber begrüßen und ein Teil seiner Gemeinschaft sein.

Als Ilyas ﷺ spürte, dass seine letzten Tage gekommen waren, fragte er seinen geliebten Schüler Al-Yasa´ ﷺ was er sich als Abschiedsgeschenk von ihm wünsche. Der Friede sei auf ihnen beiden. Al-Yasa´ ﷺ bat in seinem jugendlichen Überschwang um ein spirituelles Geschenk. Er bat darum, in die Fußstapfen seines Lehrers treten zu dürfen. Als Ilyas ﷺ dies vernahm, wurde er sehr traurig. Er wusste, dass er seinem geliebten Freund damit eine sehr große und schwere Bürde aufladen würde. Doch Ilyas ﷺ erfüllte

Al-Yasa´s Wunsch. Er gab ihm seinen Mantel und seinen ledernen Gürtel, mit dem er so manches Wunder vollbracht hatte. Dann küsste er ihn und verabschiedete sich. Der Friede sei auf ihnen.

Da erblickten sie in weiter Ferne eine Gestalt aus Feuer, die langsam auf sie zukam. Als sie näher kam, sahen sie, dass es ein brennendes Pferd war. Mit ihm erschien der Erzengel Djibriil, der Friede sei auf ihm. Er grüßte Ilyas ﷺ von Allah, dem Herrn der Welten, und überbrachte ihm die Nachricht, dass Allah seine Gebete erhört hatte. Ilyas ﷺ stieg auf den Rücken des Feuerpferdes und fuhr damit direkt in den Himmel auf. Dort lebt er noch heute, ähnlich wie der Prophet Idris. Der Friede sei auf ihnen beiden.

Al-Yasa´s Herz wurde von Furcht ergriffen, als er sich darüber bewusst wurde, dass er um die schwerste Bürde gebeten hatte, die es gab. Er betete deshalb zu Allah um Vergebung. Nach einer Weile kam Djibriil zu ihm herab, um sein Herz zu stärken. Der Engel offenbarte al-Yasa´, dass Allah ihn nun als Seinen Propheten auserwählt habe. Al-Yasa´s Herz beruhigte sich und er vergaß all die Mühen, die er und Ilyas ﷺ hatten erleiden müssen. Er zog Ilyas ﷺ Mantel über und legte dessen Gürtel an. Und von da an schien das Licht des Prophetentums wie ein Leuchtsignal von ihm aus über das weite Land bis hin zum Meer.

Die meisten Leute im Lande Israil waren über das Verschwinden von Ilyas ﷺ erleichtert, der Friede sei auf ihm. Keiner ermahnte sie nun mehr und sie vergaßen ihn schnell. Sie verschwendeten keinen Gedanken mehr an seine Lehre und zeigten auch keinerlei Interesse an den Gefährten, die Ilyas ﷺ zurückgelassen hatte. Die Gläubigen aber hielten zusammen und sammelten sich um ihren Propheten Al-Yasa´ ﷺ. Gemeinsam lebten sie ein ruhiges und friedliches Leben.

Al-Yasa´ ﷺ heiratete und gründete Familie. Einer seiner Söhne trug das Licht des Propheten hell auf seiner Stirn. Er hieß Yunus, der Friede sei auf ihm. Eines Tages nahm Al-Yasa´ ﷺ ihn mit ans Meer, um ihm das Grab seiner Großmutter zu zeigen. Gemeinsam beobachteten sie dort das Spiel der Delphine im Wasser, genau so, wie es Al-Yasa´ ﷺ als kleiner Junge immer getan hatte. Die Delphine waren zahm und erfreuten sich an Yunus. Der Friede sei auf ihnen beiden.

Das Königreich Israil war mittlerweile völlig verkommen. In beiden Teilen, im Norden und im Süden, dienten die Menschen jetzt den Götzen. Sie hatten Allah, ihren Herrn, Sein Buch und Seinen Propheten vergessen. Es gab keinerlei Gerechtigkeit mehr im Land. Die Reichen wurden immer reicher und die Armen immer ärmer. Allahs Zorn lag auf ihnen. Überall gab es Trockenheit, Hunger, Erdbeben und Seuchen. Allah gab Al-Yasa´, der Friede sei auf ihm, die Erlaubnis, große Wunder zu vollbringen. Denn zu jener Zeit konnte man durch nichts anderes mehr die Aufmerksamkeit der ungläubigen und unachtsamen Leute auf sich ziehen als durch ein Wunder.

Al-Yasa´ ﷺ begab sich also wieder auf Wanderschaft, um auf diese Weise so viele Leute wie möglich zu erreichen. Doch nichts, was ihm unterwegs begegnete, machte ihm große Hoffnungen. Es war für die Leute in Israil damals schwer, ein tugendhaftes Leben zu leben. Ja, es schien schon fast eine verbotene Sache zu sein.

Aber es kam noch schlimmer. Lepra begann sich im Lande auszubreiten. Lepra ist eine der schrecklichsten Seuchen, die es gibt. Der Körper verfault und zerfällt nach und nach, während der Mensch noch am Leben ist. Damals gab es noch keine Heilung für Lepra, aber Allah gab Al-Yasa´ ﷺ die Fähigkeit, diese Krankheit zu heilen. Und so kamen sowohl die Armen wie auch die Reichen zu ihm, um sich von ihm behandeln zu lassen. Er erzählte ihnen dabei von Allah und vom Glauben und viele hörten ihm zu und nahmen den

Glauben an.

Die Gläubigen wurden auf diese Weise so zahlreich, dass in jedem Dorf und in jeder Stadt Gläubige lebten. Und nach und nach waren sie auch an Kriegszügen und bei wichtigen Angelegenheiten des Staates Israil beteiligt. Al-Yasaˊ ﷺ begleitete die Truppen, um die Gläubigen darunter zu beschützen. Er vollbrachte viele Wunder, um die Truppen vor dem Untergang zu bewahren, doch die führenden Machthaber änderten sich nicht. Die Moschee in Jerusalem füllte sich immer mehr mit Götzen und widerlichstem Zeug und die Mehrheit der Menschen bestand auf ihren Unglauben.

Al-Yasaˊ, der Friede sei auf ihm, wurde allmählich alt. Er war schon fast neunzig Jahre, als sein geliebter Sohn Yunus ﷺ ihn um Erlaubnis bat, im Lande umherzureisen und sein Glück versuchen zu dürfen. Der Friede sei auf ihm. Al-Yasaˊ ﷺ freute sich über die Pläne seines Sohnes und schickte ihn in eine große Stadt nahe am Meer. Diese Stadt hieß Ninive und war die Hauptstadt der Assyrer. Sie war ursprünglich der Ort gewesen, an dem der junge Ibrahim, der Friede sei auf ihm, die Götzen mit seiner Axt zerschlagen hatte. Doch Yunus, der Friede sei auf ihm, war zu schüchtern, als dass er um die Stufe Ibrahims bitten wollte. Er bat darum nur um die Stufe der Axt. Al-Yasaˊ, der Friede sei auf ihm, war darüber sehr verwundert. Denn er selbst hatte um die Ehre der Prophetenschaft gebeten, noch bevor er überhaupt die Last dieser großen Aufgabe verstehen konnte. Und sein Sohn schien jetzt zu schüchtern, die Ehre zu übernehmen, die ohnehin sein Schicksal war.

Al-Yasaˊ ﷺ küsste seinen Sohn zum Abschied und Yunus ﷺ ging in die Welt hinaus. Der Friede sei auf ihnen beiden. Sie wussten beide nicht, ob sie sich in diesem Leben noch einmal wiedersehen würden. Und tatsächlich wurde Al-Yasaˊ ﷺ schon bald nach dem Aufbruch seines Sohnes krank. Al-Yasa, der Friede sei auf ihm spürte, dass dies seine letzte Krankheit sein würde und wendete sich noch einmal an seine Gefährten. Er ermahnte sie, stets ihren Glauben zu schützen, Allahs zu gedenken und das Gesetz Musas einzuhalten, der Friede sei auf ihm. Ein jeder seiner Leute gab ihm sein Versprechen und sie küssten ihm zum Abschied die Hand. Dann verließ Al-Yasa´ ﷺ diese Welt und wurde an derselben Stelle begraben, an der er gestorben war.

Möge Allah Al-Yasa´ segnen und ihm Frieden schenken.

Yunus, der Friede sei auf ihm

„Dann verschlang ihn der Fisch;" ... (Sure 37, 142)

25

Das Licht geht
auf Yunus ﷺ über

Yunus, der Friede sei auf ihm, verließ seinen Vater nur schweren Herzens. Tief in seinem Inneren wusste er schon, dass er ihn in dieser Welt nicht mehr wiedersehen würde. Doch sein Vater hatte ihn zu seiner Reise ermuntert und so machte er sich auf den Weg. Er wollte sich als Händler versuchen und belud seine Kamele mit Rosinen und Feigen.

Yunus, der Friede sei auf ihm, schloss sich schon bald einer Karawane an, die auf dem Weg nach Ninive war. Doch er war noch jung und unerfahren und kannte die Gefahren einer solchen Reise nicht. Entlang der Wege lauerten Diebe, die jede Karawane überfielen und ausplünderten, die ihnen in die Hände fiel. Yunus ﷺ konnte zwar mit Hilfe eines Freundes gerade noch einem solchen Überfall entkommen, aber als er seine Reise alleine fortsetzte, kam er gegen die Tricks der Diebe nicht mehr an. Bald schon hatte er seine ganze Habe verloren und als er vor den Toren Ninives ankam, besaß er nur noch ein paar Münzen.

In der Stadt Ninive kam Yunus ﷺ in ein Viertel, das fast nur von Töpfern bewohnt war. Er traf dort einen Mann, der seine Sprache sprach. Dieser nahm ihn mit zu seinem Großvater, der der Töpfer des Königs war. Er war auf der Suche nach einem Lehrling, dem er sein Kunsthandwerk beibringen konnte, denn seine Söhne zeigten keinerlei Interesse an diesem Handwerk. Und so ließ sich Yunus ﷺ in Ninive nieder, lernte Assyrisch und ging bei dem Meistertöpfer in die Lehre.

Nach einer Weile wurde der alte Mann sehr krank. Er wusste, dass er bald sterben und seine Geschäfte würde abgeben müssen. Yunus, der Friede sei auf ihm, war mittlerweile ein guter Töpfer geworden und so stellte ihn der alte Mann dem König als seinen Nachfolger vor. Der König mochte Yunus ﷺ und nachdem er ihn sorgsam geprüft hatte, vertraute er ihm. Er stellte ihm eine Töpferwerkstatt nahe des Palastes zur Verfügung und sie wurden gute Freunde. Yunus, der Friede sei auf ihm, stellte wunderschöne Dinge für den König her, die ganz anders waren als alles, was man je im Palast gesehen hatte. Normalerweise war nämlich das Töpferwerk der Assyrer mit schrecklichen und gruseligen Fratzen versehen, die regelrecht Angst und Schrecken bei den Betrachtern auslösten. Yunus ﷺ hingegen stellte schöne Sachen her, die mit lieblichen Gestalten geschmückt waren. Sie erfreuten das Herz und ängstigten die Leute nicht.

Yunus ﷺ, der Friede sei auf ihm, wurde von dem König sehr geschätzt. Er ging mit den Leuten freundlich um, sprach aber niemals über Religion. Denn die Assyrer waren Götzendiener und hatten keinerlei Verständnis für einen Gott, den sie weder sehen noch anfassen konnten.

Nach einer Weile hörte Yunus, der Friede sei auf ihm, vom Tode seines Vaters. Er bekam Heimweh und wollte seine Familie besuchen. Er bat den König um Erlaubnis, zu seiner Familie reisen zu dürfen. Der König stimmte zu, ließ ihn aber nur ungern gehen. Und so machte sich Yunus ﷺ auf den Weg.

Wieder schloss Yunus, der Friede sei auf ihm, sich einer Karawane an. Nach einigen Tagen kamen sie an einem Dorf vorbei, in dem die Bewohner

Tote auf Bahren durch die Straßen trugen. Yunus, der Friede sei auf ihm, befürchtete, dass mit dem Dorf etwas nicht stimme und wahrscheinlich eine schreckliche Seuche umgehe. Er riet seinen Begleitern: „Führt die Karawane nicht durch das Dorf!" Doch die Leute schlugen seine Warnung in den Wind. Sie wollten ihre Wasservorräte auffüllen und sich erfrischen und so ritten sie in das Dorf.

Yunus, der Friede sei auf ihm, ging zu einem Hügel in der Nähe des Dorfes. Ein paar Tage lang wartete er dort auf seine Gefährten, doch kein einziger von ihnen kam zurück. Die Seuche raffte alle innerhalb kürzester Zeit dahin. Traurig nahm er sein Kamel und wollte sich gerade auf die Weiterreise begeben, als eine Truppe assyrischer Soldaten vorüberzog. Yunus ﷺ warnte den Trupp vor der Seuche im Dorf und die Soldaten nahmen seinen Rat dankend an. Sie zeigten ihm den Weg durch die Wüste und zogen dann in die entgegengesetzte Richtung nach Ninive weiter. Yunus ﷺ bat sie, den König zu grüßen und ging dann seiner Wege.

In derselben Nacht hatte Yunus, der Friede sei auf ihm, einen Traum, in dem ihm sein Vater Al-Yasa´ ﷺ erschien. Nie hatte Yunus ﷺ seinen Vater zu Lebzeiten so gesehen. Al-Yasa´ ﷺ war aufgebracht und zornig und herrschte seinen Sohn an: „Wie kannst du Ninive verlassen? Allah, der Erhabene hat dich dorthin geschickt. Du brauchst Seine Erlaubnis, um von dort wegzugehen, nicht die des Königs. Und Allah hat dir diese Erlaubnis nicht erteilt. Geh zurück und übe dich in Geduld!"

Yunus, der Friede sei auf ihm, war erschüttert und kehrte auf der Stelle um. Bald schon sah er auf seinem Weg ein Licht am Himmel, das geradewegs auf ihn zukam. Es wurde größer und größer, bis er erkannte, dass es der Erzengel Djibriil war, der Friede sei auf ihm. Djibriil überbrachte ihm die Botschaft, dass Allah ihn als seinen Propheten auserwählt hatte und dass sein Volk und seine Aufgabe in Ninive lagen.

Als Yunus, der Friede sei auf ihm, nach Ninive zurückkehrte, wurde er von den Leuten als Held gefeiert, weil er die Assyrer vor der schrecklichen Seuche gerettet hatte, die das ganze Land verwüstete. Yunus ﷺ war darüber sehr erfreut. Er hoffte, seiner prophetischen Aufgabe jetzt leicht nachkommen zu können und begann von dem einen Gott, Allah dem Allmächtigen, zu sprechen. Doch der König dachte, die Seuche habe Yunus ﷺ verrückt gemacht, der Friede sei auf ihm. Die Leute von Ninive lachten über ihn, ließen ihn aber weitgehend in Ruhe, da er schließlich ihr Retter war.

Zwanzig Jahre lang versuchte Yunus, der Friede sei auf ihm, den Menschen in Ninive den Glauben an Allah, ihren Schöpfer, den Herrn alles Sichtbaren und Unsichtbaren, nahe zu bringen. Aber nicht ein einziger glaubte ihm. Yunus ﷺ war oft sehr verzweifelt. Doch jedes Mal erschien ihm Djibriil, der Friede sei auf ihm, um ihn zum Weitermachen zu ermuntern. So war der Plan Allahs.

Eines Tages aber kam Djibriil, der Friede sei auf ihm, mit der Nachricht zu Yunus ﷺ, dass das Ende der Stadt Ninive bald kommen würde. Der Friede sei auf ihnen beiden. Djibriil befahl Yunus ﷺ: „Geh zu deinem König und sage ihm, dass seine Stadt vierzig Tage lang Zeit hat, sich endlich dem Glauben zuzuwenden. Ansonsten wird Allah sie vernichten!" Als der König von der Prophezeiung hörte, wurde er sehr wütend. Anstatt auf Yunus ﷺ zu hören, drohte er ihm eine schreckliche Strafe an. Und auch das Volk verhöhnte ihn. Die Menschen hielten ihn für einen Narren, beschimpften ihn und wandten sich von ihm ab.

Die vierzig Tage vergingen. Am Morgen des vierzigsten Tages hielt Yunus, der Friede sei auf ihm, es nicht mehr länger aus. Er rief zu Allah: „Ich überlasse diese tauben Leute ihrer Strafe, meine Geduld ist zu Ende!"

Und so ging er fort, bestieg ein kleines Schiff und verließ Ninive auf das Meer hinaus. Hier konnte er den Delphinen bei ihrem Spiel zusehen, was er schon immer so gerne getan hatte.

Das Schiff stach in See. Schon bald aber zog eine große dunkle Wolke am Himmel auf und ein starker Sturm kam auf. Das kleine Schiff wankte und schwankte auf den hohen Wogen und drohte zu sinken. Plötzlich tauchte noch ein großer Walfisch mit einem riesigen Maul aus dem Wasser auf, als ob er das Schiff geradewegs verschlucken wollte.

Yunus ﷺ, der Friede sei auf ihm, wurde klar, dass zwar der Sturm dem Volk von Ninive galt, der Fisch aber seinetwegen gekommen war. Denn wieder hatte er Ninive ohne die Erlaubnis Allahs verlassen. Zu schnell hatte er die Geduld und das Mitleid mit den Menschen verloren.

Yunus ﷺ, der Friede sei auf ihm, bekannte sich den Seeleuten gegenüber für den Sturm verantwortlich und sie warfen ihn zu ihrem Schutz vor dem Untergang über Bord. Yunus ﷺ stürzte in die hohen Wellen und wurde von dem großen Walfisch sogleich mit einem Happen verschluckt. Das Schiff blieb unversehrt und konnte nun ruhig weitersegeln, denn der Sturm zog in Richtung Ninive weiter.

Nun, der Walfisch stand unter dem Befehl Allahs. Er sollte Yunus ﷺ, der Friede sei auf ihm, zwar verschlucken, aber er durfte ihn nicht auffressen. Allah hatte für Yunus ﷺ einen Rückzug in dem Bauch des Walfisches bestimmt. Vierzig Tage lang blieb Yunus ﷺ im Dunkeln des Fischbauches in den Tiefen des schwarzen Meeres, ohne jeglichen Sonnenstrahl und er betete zu Allah um Vergebung. Dabei wiederholte er ständig folgendes Gebet: „Es gibt keinen Gott außer Dir, Lob gebührt nur Dir allein! Wahrlich, ich bin einer der Unrechthandelnden." (Sure 21, 87) Und schließlich vergab ihm Allah.

In der Zwischenzeit näherte sich die große Sturmwolke Ninive. Als die Leute sie sahen, wussten sie tief in ihrem Inneren, dass sie der Vorbote jener großen Strafe war, die Yunus ﷺ ihnen prophezeit hatte. Der Friede sei auf ihm. Und plötzlich geschah ein Wunder: Die Saat, die Yunus ﷺ über zwanzig Jahre unter den Leuten von Ninive lang gesät hatte, ging nun auf. Der König und sein Volk begannen zu glauben. Sie verneigten sich vor Allah, dem unsichtbaren Gott ihres Propheten, der Friede sei auf ihm, und flehten Ihn an, sie vor der Vernichtung zu erretten.

Und die Gnade Allahs kam. Die dunkle Wolke zog vorüber und die Sonne kam wieder hervor. Nichts war zerstört worden, mit Ausnahme der Götzen im Tempel. Diese hatte Allah durch den Sturm in lauter kleine Stücke zerschmettern lassen.

Yunus, der Friede sei auf ihm, vollendete seine vierzig Tage im Bauch des Walfisches. Dann wurde er auf den Strand gespuckt, nackt und ungeschützt. Er fror und seine Haut war von dem Wasser runzlig und weich geworden. Die Sonne verbrannte ihn sofort. Da ließ Allah in Seiner Barmherzigkeit eine Weinrebe mit großen Blättern wachsen. Yunus ﷺ konnte sich in ihrem Schatten vor den Strahlen der Sonne schützen und mit den Blättern seine Blöße bedecken.

Nahe der Stelle an der Yunus, der Friede sei auf ihm, an Land gespuckt wurde, lebte ein Hirte. Als er Yunus ﷺ entdeckte, brachte er ihm zu Essen und zu Trinken. Dann erzählte er ihm, dass Ninive nicht zerstört worden war und als Yunus ﷺ das hörte, ärgerte er sich. Da liess Allah die Weinrebe welken und vertrocknen. Yunus ﷺ sah mit Schrecken, was geschehen war und weinte bitterlich um den Verlust der Weinrebe. Da begann Allah mit ihm zu schimpfen: „Du bist mehr um diese Weinrebe besorgt als um die Stadt Ninive und ihre Bewohner, die doch zu den edelsten Geschöpfen Allahs, den Menschen, gehören!" Da wurde Yunus ﷺ sich seiner Selbstsucht bewusst, schämte sich und bat Allah erneut um Verzeihung. Der Friede sei auf ihm.

Yunus, der Friede sei auf ihm, machte sich auf den Weg zurück nach Ninive. Jetzt waren der König und sein Volk offen für seine Religion. Yunus ﷺ lehrte sie das Gebet und das göttliche Gesetz und die Leute nahmen seine Worte an. Sie errichteten Moscheen an den Plätzen, wo früher die Götzenfiguren gestanden hatten und verehrten nur noch den einen Gott, der sie erschaffen und der ihnen vergeben hatte.

Yunus, der Friede sei auf ihm, heiratete und bekam viele Kinder. Er war einer von nur zwei Propheten, denen das Glück beschieden war, zu sehen, wie ihr Volk sich änderte und die Menschen nach und nach zu Gläubigen wurden. Der andere Prophet war Muhammad ﷺ, Friede und Segen seien auf ihm.

Es mag seltsam erscheinen, dass Yunus ﷺ, obwohl er ein Prophet war, manchmal nicht so handelte, wie es Allah gefiel. Doch es heißt, dass alle Propheten zumindest einen Fehler in ihrem Leben gemacht hätten, ausser dem Propheten Muhammad Mustapha, Friede und Segen seien auf ihm. Er, das Siegel der Propheten, wurde dafür erschaffen, der vollkommene und vollendete Mensch, Insan Kamil, zu sein.

Das Grab von Yunus wird in Bagdad verehrt. Der Friede sei auf ihm.

Möge Allah Yunus ﷺ segnen und ihm Frieden schenken.

Sha´ya, der Friede sei auf ihm

… „Wenn immer euch ein Gesandter brachte, was euch nicht gefiel, wurdet ihr da nicht hochnäsig, bezichtigtet einige der Lüge und erschlugt andere?"

(Sure 2, 87)

26

Das Licht geht auf Sha´ya عليه السلام über

Nach Al-Yasa´s Tod, der Friede sei auf ihm, vergaßen die Banu Israil bald nahezu ihre ganze Geschichte. Sie verloren das Bewusstsein für die Bedeutung der Propheten und ihre Sendung und vergaßen Allah, ihren Herrn, und Seine Befehle. Der Zustand der Menschen wurde immer schlechter.

Die Banu Israil waren schon fast völlig verdorben, als unter den Herrschern des Landes endlich wieder ein gerechter und gottesfürchtiger König namens Hezekia erschien. Ihm schickte Allah einen Propheten mit dem Namen Sha´ya, der Friede sei auf ihm, um den König zu stärken und zu unterstützen. Licht schien von Sha´yas Stirn und gemeinsam verteidigten er und der König die Stadt Jerusalem, den Tempel, die Thora und die Bundeslade gegen die dunklen und schlechten Mächte, die alles von innen und außen zerstörten.

Hezekia verteidigte sein Volk mit seinen Armeen und seiner Gerechtigkeit und Sha´ya, der Friede sei auf ihm, sprach Allahs Worte und gab weise Ratschläge. Doch Hezekias Leben auf der Erde neigte sich schon bald dem Ende zu. Kurz bevor er sterben sollte, betete Sha´ya ﷺ zu Allah, Hezekias Leben zu verlängern. Allah erhörte das Gebet und schenkte Hezekia weitere fünfzehn Jahre. Während dieser Zeit entstand Friede im Land und der Glaube festigte sich wieder in den Herzen der Menschen.

Sha´ya, der Friede sei auf ihm, reiste im Land umher. In jedem Dorf und in jeder Stadt, sowohl in vornehmen Häusern wie in Hütten, sprach er zu den Menschen von Allah und dem Glauben an Ihn. Allah der Erhabene offenbarte sich Sha´ya ﷺ direkt und befahl Seinem Propheten: „Mache den Menschen klar, dass die Welt wie ein zerfallenes Gebäude ist! Sie selbst hat nichts anzubieten, denn Allah ist ihr Erbauer. Er kann sie je nach Seinem Wunsch erblühen lassen oder wieder zerstören. Wenn der Mensch sich Allah zuwendet, kann alles, was er sich wünscht, in Erfüllung gehen, denn es ist Allah, der es regnen läßt und der die Flüsse fließen, die Bäume wachsen und die Früchte reifen lässt. Der kluge Mensch richtet sich daher nur auf Allah aus und bittet nur Ihn.“

Den Menschen erscheint die Welt als real und wertvoll, aber die Wirklichkeit bei Allah ist genau das Gegenteil alles Weltlichen. Sha´ya, der Friede sei auf ihm, sollte den Menschen darum im Auftrag Allahs verdeutlichen, dass das, was ihnen gut erschiene, bei Allah keinen Wert habe. Für Allah seien diejenigen, die in dieser Welt reich und mächtig und berühmt sind, in Wirklichkeit arm. Die Armen, die Bescheidenen und die Schwachen aber seien im Sinne Allahs in Wirklichkeit reich und wertvoll.

Allah offenbarte Sha´ya ﷺ Wissen über die Zukunft, der Friede sei auf ihm, und so warnte er die Menschen vor der kommenden Zerstörung Jerusalems und des Tempels. Er sagte ihnen voraus, dass die Gläubigen in die Sklaverei getrieben werden würden. Nach einiger Zeit würden sie dann ihre Freiheit wiedererlangen und den Tempel neu aufbauen. Sha´ya ﷺ erzählte den Leuten auch, dass in den letzten Tagen der Menschheit Allah einen Propheten schicken würde, der weder lesen noch schreiben könne, der aber nichts als die reine Wahrheit sprechen würde. Dieser Prophet würde freundlich und großzügig und für sein Mitgefühl bekannt sein. Er würde ein gerechter Herrscher und ein großer Prophet werden und den Menschen ein neues Buch von Allah bringen. Sein Name sei Ahmed (Muhammad ﷺ), Friede und Segen seien auf ihm, und er würde die ganze Welt durch seine Religion vereinen. Seine Gemeinschaft würde besser sein als jede andere zuvor und nach ihm würde bis zum Ende der Tage kein weiterer Prophet mehr kommen.

Als die Banu Israil diese Worte hörten, wurden sie sehr wütend. Wer konnte das Volk dieses kommenden Propheten sein, wenn es nicht das ihre war, fragten sie sich und sie wurden sehr neidisch. Sie beschlossen, ihren Propheten umzubringen, weil er ihnen von Dingen erzählte, die sie nicht hören wollten. Sha´ya, der Friede sei auf ihm, fl oh in die Wildnis, von seinen eigenen Leuten verfolgt und gejagt, die ihn kurz zuvor noch geliebt hatten. So schnell hatte sich ihr Glaube in Unglaube verwandelt.

Als die Leute ihm von allen Seiten her näher kamen, ließ Allah sich einen Baum spalten und öffnen, damit Sha´ya ﷺ sich dort hinein retten konnte. Der Friede sei auf ihm. Die Baumrinde schloss sich um ihn herum und er wäre in Sicherheit gewesen, wenn Schaitan nicht einen Zipfel seines Gewandes ergriffen hätte. Und als die wütende Menge bei dem Baum ankam, sahen die Leute diesen Zipfel seines Gewandes aus der Rinde heraushängen.

Ihre Wut war grenzenlos. Sie nahmen eine Axt und schlugen den Baum in Stücke. Sha´ya ﷺ, der im Stamm versteckt war, starb unter den wilden Axthieben seines eigenen Volkes den Tod eines Märtyrers. Der Friede sei auf ihm.

Möge Allah Sha´ya segnen und ihm Frieden schenken.

Armiya, der Friede sei auf ihm

... „Es gibt ja kein Volk, unter dem kein Warner gelebt hätte." (Sure 35, 24)

27

Das Licht geht auf Armiya ﷵ über

Nach dem Tode des Propheten Sha´ya kam der Erzengel Djibriil zu einem Mann namens Armiya, der Friede sei auf ihnen allen. Er überbrachte ihm die Nachricht, dass Allah nun ihn als Seinen Propheten ausgewählt hatte. Und das Licht schien mutig von Armiyas Stirn wie eine Laterne auf einem Schiff, das im Nebel seinen Weg sucht.

Der Herr befahl Armiya, der Friede sei auf ihm, zu den Leuten zu predigen. Armiya ﷵ hatte so etwas zuvor noch nie getan. Weder hatte er besonderes Talent zum Sprechen noch wusste er, was er sagen sollte. Doch er gehorchte Allah und so füllte Allah sein Herz mit göttlicher Inspiration und ließ seinen Mund kräftige Worte sprechen.

Armiya, der Friede sei auf ihm, schimpfte mit den Banu Israil: „Ihr habt euren Propheten umgebracht. Ich warne euch! Viele schreckliche Dinge werden passieren, wenn ihr Allah nicht um Vergebung bittet. Und wenn ihr euch nicht ändert, prophezeie ich euch, dass die Armee eines grausamen Feindes euer Land überfallen wird. Er wird eure Städte zerstören und euren Tempel bis auf den Grund niederbrennen. Euch Menschen wird er gefangen nehmen und dann als Sklaven verkaufen."

Doch die Banu Israil hörten nicht auf ihn. Im Gegenteil. Genau so, wie sie wütend geworden waren, als Sha´ya ﷵ ihnen die Wahrheit sagte, wurden sie jetzt regelrecht wild bei den Worten Armiya ﷺs, der Friede sei auf ihnen beiden. Sie wollten Armiya ﷺ aber nicht auch noch umbringen und begnügten sich damit, ihn mundtot zu machen. Sie nahmen ihn gefangen und warfen ihn ins Gefängnis.

Es dauerte nicht lange und die Prophezeiung Armiyas, der Friede sei auf ihm, bewahrheitete sich: Der König von Babylon griff Israil an und marschierte mit einer riesigen Armee in das Land ein. Die Armee tötete die Menschen und machte Jerusalem dem Erdboden gleich. Der Tempel wurde bis auf die Grundmauern völlig zerstört und die Menschen, die noch übriggeblieben waren, in die Sklaverei getrieben. Da weinten die Leute nun bittere Tränen über das, was sie getan hatten.

Armiya, der Friede sei auf ihm, überlebte den Überfall. Er ging mit seinen Leuten in die Sklaverei, um ihnen weiterhin Rat geben zu können. Er erinnerte sie an die Worte Allahs, ihres Herrn, und gab ihnen Hoffnung auf eine bessere Zukunft, wenn sie ihre vergangenen Taten bereuten.

Möge Allah Armiya segnen und ihm Frieden schenken.

Daniel, der Friede sei auf ihm

„Oh unser Herr! Erwecke unter ihnen einen Gesandten, der ihnen Deine Botschaft verkündet und sie die Schrift und die Weisheit lehrt und sie reinigt; siehe, Du bist der Mächtige, der Weise." (Sure 2, 129)

28

Das Licht geht auf Daniel ﷺ über

V unter denen, die in Babylon in die Sklaverei gerieten, waren auch die jungen Prinzen des königlichen Hauses von Israel. Sie waren gut ausgebildet und auf den Dienst für den König vorbereitet. Einer dieser jungen Männer war Daniel, der Friede sei auf ihm. Von seiner Stirn schien ein starkes Licht. Es war wie das Licht eines leitenden Sternes, das beständig und wahr inmitten der Dunkelheit der Nacht scheint.

Eines Nachts hatte der König von Babylon einen schrecklichen Alptraum. Als er am nächsten Morgen erwachte, konnte er sich aber an nichts weiter erinnern als an die große Angst, die ihn überkommen hatte. Er befragte alle seine Berater und klugen Leute, doch keiner von ihnen konnte ihm weiterhelfen. Da wurde der König so wütend, dass er drohte, alle Gelehrten umzubringen, wenn ihm keiner von ihnen sagen könne, was er geträumt hatte.

Daniel, der Friede sei auf ihm, hörte davon. Er bat Allah darum, ihm den mysteriösen Traum des Königs zu offenbaren, damit er die unschuldigen Menschen vor dem Tode retten könne. Und Allah erfüllte ihm seine Bitte. Daniel ﷺ ging zum König und sprach: „Du hast wirklich eine sehr seltsame Sache geträumt. Du hast im Traum ein Monster gesehen. Sein Kopf war aus Gold, seine Brust aus Silber, seine Beine aus Kupfer, seine Füße aus Eisen und seine Zehen aus Lehm. Dann hast du plötzlich einen Stein vom Himmel fallen sehen, der diese monströse Gestalt in Millionen kleine Stücke zerbrach. Dieser Stein fing dann an, zu wachsen und ist immer größer geworden, bis er so groß war wie ein Berg."

Der König lauschte dieser Beschreibung und erkannte sofort seinen Traum. Er bat Daniel, ihm diesen Traum zu deuten und Daniel, der Friede sei auf ihm, antwortete dem König: „Dein Traum hat dir die Zukunft gezeigt. Der Zustand der Menschen und ihrer Herrscher wird im Laufe der Jahrhunderte immer schlechter und schlechter werden, so wie Silber weniger Wert ist als Gold und Kupfer weniger wert ist als Silber. Es wird eine Zeit kommen, in der nur noch Herrscher wie Eisen und Lehm das Land regieren und das ist dann der schlechteste Zustand der Menschheit. Allah wird schließlich diese Herrscher und Könige und alle ihre Reiche hinwegfegen und Seine eigene Herrschaft auf Erden errichten."

Der König von Babylon war von dieser Deutung seines Traumes äußerst beeindruckt und zeigte sich Daniel ﷺ gegenüber sehr dankbar. Er beschenkte ihn reich und erhob ihn in eine hohe Stellung bei Hofe. Daniel, der Friede sei auf ihm, nahm die Stellung an und blieb am Hofe des Königs. Er half auf diese Weise den Menschen und tat viel Gutes.

Daniel, der Friede sei auf ihm, blieb sein ganzes Leben über ein standhafter Diener Allahs und kam nie vom Wege der Wahrheit ab.

Möge Allah Daniel segnen und ihm Frieden schenken.

Uzair, der Friede sei auf ihm

„Er macht die Toten lebendig, und Er hat Macht über alle Dinge." (Sure 42, 9)

29

Das Licht geht auf ´Uzair ﷿ über

Nach vielen Jahren nahm das Exil in Babylon endlich ein Ende und die Banu Israil konnten wieder nach Jerusalem zurückkehren. Als sie in ihrer Hauptstadt ankamen, sahen sie mit Entsetzen, dass sie völlig zerstört war. Ihr neuer Prophet ´Uzair, der Friede sei auf ihm, setzte sich bei den Überresten des Tempels nieder und weinte Tag und Nacht. Seine Trauer wurde aber noch größer, als ihm bewusst wurde, dass nicht nur die Mauern des alten Tempels in Schutt und Asche vor ihm lagen, sondern dass auch alle heiligen Bücher der Propheten, die vor ihm zu den Menschen gekommen waren, zerstört waren. Der Welt war also kein einziges Wort davon erhalten geblieben. Und je mehr ´Uzair ﷿ darüber nachdachte, was dieser Verlust für die Menschen, die nach ihm kommen würden, bedeutete, umso mehr weinte er.

´Uzair, der Friede sei auf ihm, ritt auf seinem kleinen Esel umher und suchte einen Platz nach dem andern auf. Wo immer er auch hinkam, fand er nur das Ergebnis der grauenhaften Zerstörung: Er sah vertrocknete schwarze Felder, wo einst blühende Gärten gewesen waren und dort, wo früher die Propheten gebetet hatten, war nichts außer schmutzigem Staub. Selbst der Tempel von Suleiman, der Friede sei auf ihm, war verschwunden und seine Schätze gestohlen.

ʿUzair, der Friede sei auf ihm, hatte keine Hoffnung mehr, dass all diese wertvollen Plätze und Gebäude jemals wieder errichtet werden könnten. Er ging traurig weiter, band seinen kleinen Esel an und setzte sich erschöpft unter einen Baum. Während er tief versunken war, schickte der Herr der Welten den Todesengel zu ihm, um ihm seine Seele zu nehmen. Der Friede sei auf ihm.

Nach einiger Zeit wurde ʿUzair, der Friede sei auf ihm, jedoch wieder von einer Stimme erweckt, die ihn fragte: „ʿUzair ﷺ, was meinst du, wie lange du geschlafen hast?" ʿUzair ﷺ blinzelte ins Sonnenlicht. Er vermutete, dass er ungefähr für einen ganzen Tag eingenickt wäre. Doch die Stimme sagte: „Du warst volle hundert Jahre im Tiefschlaf versunken!" Da sprang ʿUzair ﷺ auf und blickte sich um. Und an der Stelle, an der zuvor sein Esel gestanden hatte, fand er nur noch einen Haufen Knochen.

Da vernahm ʿUzair, der Friede sei auf ihm, erneut die göttliche Stimme. Dieses Mal sprach sie zu dem Haufen Knochen und befahl ihm: „Begebe dich in deine ursprüngliche Form zurück." ʿUzair ﷺ war sehr gespannt, was passieren würde. Es dauerte nicht lange und es vollzog sich vor seinen Augen ein großes Wunder: Die Knochen fügten sich einer nach dem anderen wieder zusammen und langsam bildeten sich wieder Nerven, Muskeln und Fleisch um sie. Zuletzt zog sich eine Haut über alles, bis dass der kleine Esel wieder in seiner ursprünglichen Gestalt vor ʿUzair ﷺ lag. Der Esel war lebendig, schüttelte sich und stellte sich auf seine Beine.

Allah offenbarte ʿUzair ﷺ alle heiligen Bücher und ergoss ihr Wissen in sein Herz, der Friede sei auf ihm. ʿUzair ﷺ nahm Schreibstift und Papier und schrieb das heilige Wissen aus der Erinnerung heraus auf, ohne auch nur einen einzigen Fehler zu machen. Und ʿUzair ﷺ war glücklich.

Allah machte ihn zu Seinem Propheten. ʿUzair, der Friede sei auf ihm, befragte daraufhin mutigen Herzens seinen Herrn über das Schicksal, an das wir alle glauben müssen: „Warum bestrafst du diejenigen, die Schlechtes tun, wenn Du doch ihr Schicksal so bestimmt hast, dass sie Schlechtes tun?" Allah antwortete ihm: „Es steht nicht für dich geschrieben, eine solche Sache zu verstehen! Du musst geduldig sein und warten, bis du deinen Schöpfer von Angesicht zu Angesicht triffst. Dann werden dir all diese Dinge klar werden. Bis dahin darfst du aber nie wieder nach Wissen fragen, dass nicht für dich bestimmt ist, sonst werde Ich deinen Namen aus dem Buche der Propheten streichen."

ʿUzair, der Friede sei auf ihm, stand nun auf und sah sich um. Das Land war mit einem Mal wieder grün und die Bäume wuchsen in die Höhe. Auch der Tempel war wieder errichtet. Die schrecklichen Bilder der Zerstörung, die er in Erinnerung hatte, wichen Bildern eines neuen Erblühens der Stadt Jerusalem. ʿUzair ﷺ schaute sich weiter um und sein Blick fiel auf die vielen kleinen Dörfer, die auf den Hügeln um die Stadt herum lagen. Sein Herz schlug höher, denn vor vielen Jahren hatte er dort seine Familie zurückgelassen.

Dhul-Qarnain, der Friede sei auf ihm

„Seht, Wir gaben ihm auf Erden Macht sowie Mittel und Wege zu allen

Dingen."

(Sure 18, 84)

30

Das Licht geht
auf Dhul-Qarnain ﷺ über

Dhul-Qarnain, der Friede sei auf ihm, ist der Name dieses Propheten im heiligen Quran. Er bedeutet „der Besitzer der beiden Hörner". Die meisten Muslime halten Dhul-Qarnain ﷺ für Alexander den Großen. Aber ebenso wie die Leute uneinig sind, welchen Rang Luqman ﷺ einnimmt, der Friede sei auf ihm, so weiß niemand genau, ob Dhul-Qarnain ﷺ ein Prophet war oder nicht. Dieses Wissen liegt allein bei Allah.

Es heißt, dass Alexander der Große, der Friede sei auf ihm, Dhul-Qarnain ﷺ genannt wurde, weil er einen Helm mit zwei Hörnern trug. Andere sagen, er hätte diesen Namen bekommen, weil sein riesiges Reich von Ost nach West reichte. Der Osten sei das eine Horn, der Westen das andere. Wieder andere verstehen es so, dass ihm Herrschaft in beiden Welten gegeben war: Herrschaft in der spirituellen und Herrschaft in der materiellen Welt. Wie auch immer - Alexander der Große war sowohl Prophet wie auch König, ein Heiliger und auch ein Krieger. Der Friede sei auf ihm.

Dem letzten der Propheten Muhammad, Friede und Segen seien auf ihm, wurde ebenfalls Herrschaft sowohl in einem spirituellen Königreich wie auch in einem irdischen Königreich gegeben. Allah, der Erhabene, beschreibt Muhammads Rang der Entfernung vom göttlichen Thron mit lediglich zwei Längen eines Pfeilbogens. Und jede der beiden Seiten des Bogens wird auch

´ein Horn´ genannt.

Alexander, der Friede sei auf ihm, war ein Sohn des Königs Phillip von Mazedonien. Sein Vater liebte ihn sehr und ließ ihn von den besten Lehrern und Gelehrten der damaligen Zeit unterrichten. Darunter war Aristoteles, der eine besondere Stellung in Alexanders Erziehung einnahm. Als Alexander zwanzig Jahre alt war, starb sein Vater und er trat seine Nachfolge an.

Das Erste, was Alexander, der Friede sei auf ihm, tat, war, eine große Armee aufzustellen, um die untereinander verfeindeten Gebiete seiner Heimat Mazedonien wieder zu vereinen. Manchmal ist der Einsatz von Macht nötig, um Frieden zu schaffen. Danach wandte Alexander sich nach Osten und vereinte auch die ganze Türkei unter seiner Herrschaft.

Alexander, der Friede sei auf ihm, besaß eine große Armee. Doch in vielen Gegenden der Welt musste er überhaupt nicht kämpfen. Die Menschen hießen ihn willkommen, weil er kein strenger Herrscher war. Er beliess die ursprünglichen Machthaber in ihrer Position, wenn sie gute Herrscher waren. Sie waren dann so etwas wie seine Statthalter und herrschten weiterhin über ihr Volk. Die eroberten Länder zahlten angemessene Steuern an Alexander und er ließ die Völker sich mehr oder weniger selbst verwalten. Und so hießen kluge und weise Menschen Alexander willkommen und nur die Ungerechten und Tyrannen bekämpften ihn. Gegen sie zog Alexander dann in den Krieg und besiegte sie mit dem Willen Allahs. Der Friede sei auf ihm.

Die Ägypter hatten von Alexander gehört, der Friede sei auf ihm. Sie baten ihn um Hilfe gegen die Überfälle der wilden Stämme aus Abessinien. Diese bedrohten die Dörfer und Städte der Ägypter und waren barbarische Kannibalen, die Menschenfleisch aßen und Menschenblut tranken.

Alexander kam der Bitte der Ägypter nach. Die wilden Kannibalen waren aber nicht so leicht zu bekämpfen. Sie waren blutrünstig und schreckten vor nichts zurück. Doch ein schlauer Berater Alexanders ersann einen Trick, durch den sie die Kannibalen einschüchtern konnten: Alexander tat nämlich so, also ob auch er zum Menschenesser geworden wäre und gab bekannt, dass das Fleisch dieser schwarzen Männer um so viel besser schmecken würde als das der weißen. Darum wolle er ab jetzt mehr davon zu sich nehmen, was natürlich bedeutete, mehr von den Kannibalen einzufangen. Diese hörten das mit Schrecken und flohen tatsächlich Hals über Kopf vor Alexander und seinen Truppen.

Nun wendete sich Alexander, der Friede sei auf ihm, nach Osten in Richtung Persien. Persien war das größte unter den damaligen Reichen und sein König hieß Darius. Alexander versuchte, Darius zu überzeugen, sich ihm friedlich zu ergeben, doch Darius beschloss entgegen aller Ratschläge, Alexander zu bekämpfen. Aber er hatte keine Chance. Alexanders Truppen schlugen ihn in mehreren Schlachten und Darius mußte aus seiner Heimat fliehen. Einer seiner eigenen Offiziere tötete ihn in der Hoffnung auf eine große Belohnung. Doch Alexander, der Friede sei auf ihm, verabscheute Verrat. Er bestrafte den Offizier für seine Tat und ließ Darius nach den Riten der Könige beerdigen. Alexander heiratete die Tochter des Königs, beließ sie in der Obhut ihrer Familie und setzte seinen Eroberungszug fort.

Alexander, Dhul-Qarnain, der Friede sei auf ihm, pfl egte mit einem großen Gefolge von Sehern, Heiligen und Philosophen zu reisen. Und vor jedem Vorhaben beriet er sich mit ihnen. Auch suchte er in jedem neuen Land, in das er kam und das er unter seine Herrschaft brachte, die Gelehrten auf. Er wollte von ihnen lernen und ihre Ratschläge einholen. Er glaubte an Allah, den einen Gott und verbrachte seine Nächte mit Gebet und Gottesgedenken. Letztlich hatte er nur den Wunsch alles, was in dieser großen weiten Welt von Interesse und Bedeutung war, kennen zu lernen und die Weisheit darin zu erkennen. Deswegen blieb er meist mehrere Monate in einem frisch eroberten Gebiet, bevor er zu neuen Abenteuern aufbrach. Auf diese Weise reiste Alexander von Griechenland bis nach China. Der Prophet Muhammad, Friede und Segen seien auf ihm, sagte später: „Suchet nach Wissen, und selbst wenn es in China ist." Dies ist genau das, was Alexander Dhul- Qarnain tat. Der Friede sei auf ihm.

Alexanders Wißbegier und seine Suche nach Weisheit vereinte die Welt von Ost nach West in Frieden und Wohlstand. Der Friede sei auf ihm. Unter seiner Herrschaft konnten die Menschen frei reisen, Handel treiben und ihre politischen, wissenschaftlichen und religiösen Gedanken und Erkenntnisse austauschen. Er ist einer der größten Eroberer, den die Welt jemals gesehen hat. Und Alexander erlebte auf seinen Reisen so viele spannende Abenteuer, dass nur wenige davon hier erzählt werden können.

Auf seinen Reisen traf Alexander, Friede und Segen seien auf ihm, die wundersamsten Menschen und kam in die eigenartigsten Gegenden. Er traf Menschen, die tausend Jahre alt wurden und ein Volk, das ohne jede Bekleidung und Schutz im Schnee lebte. Er begegnete einer Königin, in deren Reich nur Frauen lebten und kam in Länder, in denen die Sonne nie aufging. Er sah Seen angefüllt mit Quecksilber, Berge aus reinem Silber und Täler, in denen glitzernde Diamanten den Boden bedeckten, als wären sie herabgefallene Blätter eines Baumes. Und dies ist längst nicht alles. Er sah noch viel, viel mehr ungewöhnliche Dinge.Eines Tages kam Alexander, Friede und Segen seien auf ihm, in eine Stadt, die am Fuße eines Berges lag. Die Leute dieser Stadt flehten ihn an, sie vor zwei feindlichen Stämmen namens Yadjudj und Madjudj zu retten, die jenseits dieses Berges lebten. Die Leute des einen Stammes hatten die Gestalt von Zwergen und die des anderen Stammes waren Riesen. Unabhängig von ihrer Größe waren sie allesamt außergewöhnlich stark. Und sie unterschieden sich von anderen Menschen. Ihre Gesichter hatten zwar normale menschliche Züge, aber ihre Zähne standen so weit vor wie die Fänge eines Ebers. Ihre Ohren waren so groß, dass sie beim Schlafen das eine Ohr als Kissen und das andere als Zudecke benutzen konnten. Sie waren von Kopf bis Fuß mit Haaren bedeckt. Außerdem waren sie überaus gefräßig. Sie verschlangen alles, was ihnen in den Weg kam. Sie fraßen Schlangen und jedes andere Getier. Gab es in der freien Natur nichts mehr für sie zu fressen, so überfielen sie die Häuser der Menschen und fraßen, was immer sie dort an Essbarem finden konnten. Und darum fürchteten die Menschen diese beiden Stämme sehr.

Alexander, der Friede sei auf ihm, befahl den Leuten dieser Stadt, alles, was sie an Metall finden konnten, zu sammeln. Dann hieß er sie einen großen Holzhaufen errichteten und ein riesiges Feuer anzünden, so dass eine Art Schmelzofen entstand. Das gesammelte Metall wurde darin geschmolzen und das Eisengemisch in den Spalt des Berges gegossen, durch den die feindlichen Stämme in die Stadt eindringen konnten. Dieser Eisendamm schloß von nun an die beiden Stämme Yadjudj und Madjudj ein.

Es gehört zu den Zeichen der Endzeit, daß diese beiden Stämme schließlich mit der Erlaubnis Allahs den Damm durchbrechen und Schrecken und Zerstörung auf die Erde bringen werden. Von Hunger und Durst getrieben werden sie dann für die Dauer von drei Jahren alle Flüsse und Seen austrinken und alles verschlingen, was ihnen zwischen ihre Zähne kommt. Am Ende wird Allah sie zerstören und ihre Körper ins Meer werfen.

Dhul-Qarnain ﷺ, der Friede sei auf ihm, verließ die Stadt und reiste weiter, bis er ans Schwarze Meer gelangte. Er hatte gehört, es gäbe an dessen anderen Ufer eine Quelle, deren Wasser ewiges Leben spende. Alexander wollte zu dieser Quelle und nahm sich zwei Gefährten mit. Der eine war Khidr, der

Lehrer von Musa, und der andere Ilyas. Der Friede sei auf ihnen allen. An einer Stelle trennten sie sich. Khidr und Ilyas ﷺ fanden die wundersame Quelle und sie tranken beide davon. Sie erlangten auf diese Weise ewiges Leben und besondere Kräfte. Khidr konnte sich von nun an unsichtbar machen. Er erscheint Menschen in Not oder in besonderen Situationen und dient in dieser Form Allah in dieser Welt als Lehrer und Führer Seiner auserwählten Diener. Khidr schützt die Menschen auf dem Lande und Ilyas ﷺ wacht über sie zur See. Der Friede sei auf ihnen beiden.

Alexander Dhul-Qarnain, der Friede sei auf ihm, fand die Quelle nicht. Er setzte seine Reise zu Pferde oder mit dem Schiff solange fort, bis es nicht mehr weiterging. Da drehte er um. Auf seinem Weg nach Hause starb er schließlich mit nur dreiunddreißig Jahren. Als er auf seinem Totenbett gefragt wurde, wen er mehr geliebt hätte, seinen Vater oder seinen Lehrer, antwortete er: „Ich habe meinen Lehrer mehr geliebt. Mein Vater ist die Ursache dafür, daß ich mit einem hohen Rang in diese Welt gekommen bin, mein Lehrer jedoch ist die Ursache dafür, daß ich diesen weltlichen Rang für einen noch viel höheren Rang in der jenseitigen Welt verlassen habe."

Dhul-Qarnain ﷺ, der Friede sei auf ihm, verfügte, so in seinen Sarg gelegt zu werden, dass beide Hände sichtbar seien. Die eine Hand solle einen goldenen Ball halten, die andere geöffnet und leer sein. Er wollte in seinem Sarg durch sein ganzes Reich getragen werden. Alle Menschen sollten sehen, dass auch ein so großer Herrscher wie er, der zu seinen Lebzeiten die ganze Welt in seinen Händen hatte, diese Welt mit leeren Händen verlässt.

Möge Allah Dhul-Qarnain segnen und ihm Frieden schenken.

Zakaria, der Friede sei auf ihm

... „Sooft Zakaria zu ihr in den Tempel trat, fand er bei ihr Nahrung."...

(Sure 3, 36)

31

Das Licht geht auf Zakaria ﷺ über

Der Tempel in Jerusalem war nach seiner Zerstörung wieder errichtet worden und es herrschte einige Zeit Frieden in Israil. Zu jener Zeit war es bei den Gläubigen üblich, einen ihrer Söhne dem Tempel zu weihen, damit er von den Priestern erzogen würde. Mit ungefähr fünf Jahren wurden die Jungen in den Tempel geschickt. Sie lebten dort und wurden über mehrere Jahre hinweg ausgebildet. Die Jungen wuchsen auf diese Weise in Reinheit auf, wußten nicht von dieser Welt und kannten nicht die Dunkelheit der Sünde. Wenn sie alt genug waren, heirateten sie und blieben für den Rest ihres Lebens im Dienste des Tempels.

Zakaria, der Friede sei auf ihm, gehörte damals zu diesen Dienern des Tempels. Er stammte von Suleiman ab, der Friede sei auf ihm. Er war schon ein betagter Mann, als Djibriil, der Friede sei auf ihm, ihm verkündete, dass Allah ihn zu Seinem Propheten erwählt habe. Zakaria ﷺ und sein Cousin Imran, der Friede sei auf ihnen, hatten Schwestern geheiratet. Hannah, Allahs Wohlgefallen sei auf ihr, war die Frau von Imran und sie hatten zusammen viele Kinder. Elizabeth, Allahs Wohlgefallen sei auf ihr, war Zakaria ﷺs Frau. Leider bekam sie keine Kinder. Als Hannah noch einmal schwanger wurde, beschloss sie, daß sie, wenn es ein Junge wäre, sie dieses Kind dem Tempel widmen würde. Doch Allah schenkte ihr ein Mädchen.

Allah offenbarte Zakaria, der Friede sei auf ihm, dass dieses Mädchen etwas Besonderes sei. Er ging daraufhin zu Hannah, Allahs Wohlgefallen sei auf ihr, um ihr dies mitzuteilen. Sie solle das Mädchen Maryam ﷺ nennen, Allahs Wohlgefallen sei auf ihr, und sie dem Tempel widmen, auch wenn so etwas noch nie zuvor geschehen war.

Hannah, Allahs Wohlgefallen sei auf ihr, tat, was Allah ihr aufgetragen hatte. Und Zakaria, der Friede sei auf ihm, wurde Maryams Lehrer und Beschützer. Er schaute mit väterlicher Fürsorge nach ihr, bis sie ins heiratsfähige Alter kam.

An einem kalten Wintertage geschah etwas Seltsames. Zakaria ﷺ, der Friede sei auf ihr, ging zu Maryam ﷺ, Allahs Wohlgefallen sei auf ihr, und fand sie in ihrer Zelle frische Sommerfrüchte, Feigen und Trauben essend. Es gab keine irdische Erklärung dafür, wie sie an diese Früchte gekommen war. Und so glaubte Zakaria ﷺ Maryam ﷺ, der Friede sei auf ihnen beiden, dass Allah Selber ihr die Früchte geschickt hatte. Nachdem Zakaria ﷺ einige Tage lang Zeuge dieses Wunders war, hatte er eine Eingebung. Wenn Allah Maryam ﷺ an kalten Wintertagen frische Sommerfrüchte schenken konnte, dann konnte Er sicherlich auch ihm, Zakariya, auch im Winter seines Lebens noch einen Sohn schenken.

Zakaria ﷺ, der Friede sei auf ihm, ging heim und begann zu beten. Er bat Allah um einen reinen Sohn, der von ihm die Prophetenehre erben könnte. Und eines Tages kam tatsächlich Djibriil zu ihm, der Friede sei auf ihnen beiden. Er brachte ihm die Botschaft, dass Allah seine Bitte erhört hatte: „Du und deine Frau Elizabeth werdet einen Sohn bekommen, den ihr Yahya ﷺ nennen sollt." Yahya ﷺ bedeutet „er lebt". „Dieser Junge ist rein und von Allah besonders gesegnet. "

Es geschah, was Djibriil, der Friede sei auf ihm, verkündet hatte.

Elizabeth brachte nach neun Monaten einen kräftigen Jungen zu Welt, obwohl sie schon ein hohes Alter erreicht hatte. Zakaria ﷺ, der Friede sei auf ihm, war glücklich. Das Licht des Propheten strahlte von der Stirn des Jungen wie der Morgenstern, der den neuen Tag ankündigt. Elizaheth und Zakaria ﷺ zogen ihn darum mit großer Sorgfalt und Liebe auf. Allah schenkte Yahya ﷺ, der Friede sei auf ihm, schon Weisheit, als er noch ein kleiner Junge war. Er war gottesfürchtig und seinen Eltern gegenüber liebevoll und gehorsam. Allah der Allmächtige sagt über Yahya ﷺ: *„Friede war auf ihm am Tage seiner Geburt und an dem Tage, da er starb, und Friede wird auch am Tage seiner Wiedererweckung zum Leben auf ihm sein!"* (Sure 19, 15)

Zakaria ﷺ lebte noch lange genug, um Yahya ﷺ zum Mann heranwachsen zu sehen. Auch wurde er Zeuge der Botschaft des Engels an Yahya ﷺ, daß Allah ihn zu Seinem Propheten auserwählt habe. Der Friede sei auf ihnen beiden.

Möge Allah Zakaria ﷺ segnen und ihm Frieden schenken.

Yahya ﷺ, der Friede sei auf ihm

... „Und Wir gaben ihm als er noch ein Kind war Weisheit und Mitgefühl und Reinheit von Uns." (Sure 19, 12-13)

32

Das Licht geht auf Yahya ﷺ über

Yahya, der Friede sei auf ihm, war ein sehr ernsthafter Junge. Er spielte nicht mit den anderen Kindern, sondern zog sich lieber zurück und suchte die Gemeinschaft der Heiligen in der Wüste. Er betete und weinte sehr viel, weil er sich stets der Erhabenheit Allahs und seiner eigenen Unvollkommenheit bewusst war. Auf seinen Wangen waren darum immer die Spuren von Tränen zu sehen.

Zakaria ﷺ, der Friede sei auf ihm, versuchte, weder das Höllenfeuer noch die Strafe Allahs zu erwähnen, wenn Yahya ﷺ in seiner Nähe war, der Friede sei auf ihm. Eines Tages sprach Zakaria ﷺ im Tempel über die Strafe des Höllenfeuers, weil er dachte, Yahya ﷺ sei irgendwo außerhalb des Tempels. Yahya ﷺ hörte aber Zakaria ﷺs Rede und lief wild schluchzend in die Berge. Seine Eltern folgten ihrem Sohn und suchten tagelang nach ihm. Als sie ihn endlich fanden, war er völlig durchgefroren, nass und hungrig. Doch er wollte nicht mit nach Hause kommen, sondern alleine bleiben, um zu beten, zu fasten und seinen Herrn um Vergebung zu bitten. Nur weil er seinen Eltern gegenüber sehr gehorsam war, kehrte er schließlich mit ihnen zurück. Sie gaben ihm zu Essen und steckten ihn dann in ein warmes Bett.

In dieser Nacht schlief Yahya ﷺ, der Friede sei auf ihm, so tief und fest, dass er zum ersten Mal in seinem Leben das Frühgebet verpasste. Als er aufwachte und sah, dass es bereits hell war, war er entsetzt und wieder begann er zu weinen. Dieses Mal weinte er so sehr, dass die Engel in den sieben Himmeln ebenfalls anfingen, zu weinen. Sogar Schaitan tat es leid, dass er Yahya ﷺ nicht zum Gebet geweckt hatte, weil er für seine Reue nun so viel Segen bekam. Schaitan ist es sonst immer das größte Vergnügen, die Leute während des Morgengebets schlafen zu sehen, da ihnen dadurch der Segen des Morgengebetes entgeht.

Yahya ﷺ, der Friede sei auf ihm, weinte so lange und aus vollem Herzen, dass Allah ihm versprach, nie in das Höllenfeuer geworfen zu werden. Erst jetzt beruhigte sich Yahya ﷺ und Hoffnung und Freude kamen in sein Herz. In seinen Gebeten bat er Allah von nun an darum, von Seiner Schönheit und Großzügigkeit schmecken zu dürfen und er war für den Rest seines Lebens dankbar.

Yahya ﷺs Bestimmung war es, den Menschen das Kommen des letzten Propheten zu verkünden. Er sollte auch Zeuge der Prophetenehre seines Cousins ʿIsa ﷺ werden und ihm seine volle Unterstützung geben. Der Friede sei auf ihm.

Yahya ﷺ, der Friede sei auf ihm, heiratete nicht und hatte keine eigene Familie. Er wanderte durch das Land, um die Menschen zu lehren und zu warnen. Er fürchtete nichts außer Allah und so sprach er immer die reine Wahrheit und so fürchteten ihn die Menschen so manches Mal. Denn keiner, der etwas Unrechtes oder Unlauteres getan hat, hört es gerne, wenn man ihn darauf hinweist. Als Yahya ﷺ schließlich auf diese Weise den König von Jerusalem beleidigte, wurde dieser sehr wütend. Er ließ Yahya ﷺ von seinen Soldaten fangen und ihm die Kehle durchschneiden. Seinen Kopf ließ er die Soldaten ihm auf einem Tablett in den Palast bringen.

Es heißt, dass Yahya ﷺ, der Friede sei auf ihm, am Ende der Zeit wegen seines schrecklichen Todes ein Messer gegeben werden wird und Allah ihn damit beauftragen wird, die Kehle des Todes selbst durchzuschneiden. Danach wird es keinen Tod mehr geben.

Möge Allah Yahya ﷺ segnen und ihm Frieden schenken.

´Isa ﷺ, der Friede sei auf ihm

„Da sprach ´Isa ﷺ, der Sohn der Maryam ﷺ: „Oh Allah, unser Herr! Sende

zu uns einen Tisch vom Himmel herab, damit es ein Festtag werde,"" ... (

Sure 5, 114)

33

Das Licht geht auf ´Isa ﷻ über

Zakaria, der Friede sei auf ihm, unterrichtete Maryam ﷻ im Tempel, Allahs Wohlgefallen sei auf ihr. Weil sie ein Mädchen war, hielt er sie von den Jungen fern. Als er nach einigen Jahren bemerkte, dass Allah direkt zu ihr sprach, wusste Zakaria ﷻ, dass sie sehr viel gelernt und einen starken Glauben hatte. Ihr Vertrauen in Allah war sehr groß und sie wusste, dass alle Dinge, sei es direkt oder indirekt, von Ihm allein kommen. Allah war für Maryam ﷻ Quelle und Ursprung aller Dinge.

Maryam ﷻ, Allahs Wohlgefallen sei auf ihr, war zu einer jungen Frau herangewachsen. Eines Tages erschien ihr eine Mannesgestalt in ihrem Raum. Sie fürchtete sich sehr, doch die Gestalt beruhigte sie und gab sich als Erzengel Djibriil zu erkennen, der Friede sei auf ihm. Er sei gekommen, um Maryam ﷻ die Botschaft zu überbringen, dass Allah sie unter allen Frauen auserwählt habe. Der Engel sprach zu Maryam ﷻ: „Du wirst ein Kind bekommen, das später ein großer Prophet werden wird." Maryam ﷻ war sehr erstaunt und fragte sich, wie das sein könne, denn sie war nicht verheiratet und kannte außer ihrem alten Onkel anderen Mann. Da erinnerte Djibriil sie daran, dass Allah Adam ﷻ, der Friede sei auf ihm, ohne Mutter und Vater erschaffen hatte. Ihr Kind würde lediglich keinen Vater haben. Der Junge würde als ´Isa ﷻ der Messias, Sohn der Maryam ﷻ, bekannt werden. Der Friede sei auf ihm.

Da fiel Maryam ﷺ voller Dankbarkeit in Anbetung vor ihrem Herrn nieder.

Während der neun Monate, die Maryam ﷺ, Allahs Wohlgefallen sei auf ihr, ihr Kind in ihrem Bauch trug, hörte sie es unaufhörlich Allah loben. Als sie spürte, dass die Geburt kurz bevorstand, verließ sie alleine den Tempel und das Dorf und lief in die Wüste. Erschöpft ließ sie sich bei dem Stamme einer abgestorbenen Palme nieder. Die Wehen ließen sie schrie vor Schmerzen aufschreien und sie bat Allah um Hilfe bei der Geburt. Allah antwortete ihr und ließ einen kühlen Bach dicht an ihr vorbeifließen. Die Palme wurde wieder grün und senkte ihre Wedel herab, um Maryam ﷺ von ihren Datteln zu geben.

Maryam ﷺ, Allahs Wohlgefallen sei auf ihr, gebar so mit Allahs Hilfe ihr Kind. Sie wusch es in dem kleinen Bach und ging anschließend mit ihm zu ihren Leuten zurück. Allah befahl ihr, zu schweigen und ihr Kind für sie sprechen zu lassen.

Als sie sich ihrem Dorf mit ihrem Kind in den Armen näherte, waren die Priester und Leute aus dem Dorf schockiert. Was hatte sie bloß getan? Woher kam dieses Kind? Die Menschen begannen, sehr schlecht über Maryam ﷺ zu denken, weil sie ein Kind zu Welt gebracht hatte, ohne dass sie verheiratet war. Doch Maryam ﷺ, Allahs Wohlgefallen sei mit ihr, schwieg immer nur und deutete auf das Kind. ʿIsa ﷺ, der Friede sei auf ihm, ein Baby in den Armen seiner Mutter, wandte sich selbst an die Leute und antwortete auf ihre Zweifel. Er sprach: „*Seht, ich bin Allahs Diener. Er hat mir das Buch gegeben und mich zum Propheten gemacht. Er hat mich gesegnet gemacht, wo immer ich bin und mir das Gebet, Almosen und die Liebe zu meiner Mutter befohlen, solange ich lebe. Er hat mich weder stolz noch erfolglos gemacht. Der Friede war auf mir am Tage meiner Geburt und er wird auch an dem Tage auf mir sein, wo ich sterben werde, und ebenso an dem Tage, wo ich wieder zum Leben erweckt werde!*" (Sure 19, 30-33). Von seiner Geburt an schien ein so starkes

Licht von der Stirn von ´Isa ﷺ, wie wenn die Sonne am Horizont aufgeht.

Für eine Weile waren es die Priester zufrieden. Nach und nach aber vergaßen und verleugneten sie das Wunder, das sie doch selber gesehen oder von dem sie gehört hatten. Sie beschuldigten Zakaria ﷺ, der Friede sei auf ihm, mit Maryam ﷺ unehrenhaft umgegangen zu sein, Allahs Wohlgefallen sei auf ihr. Die Leute verfolgten ihn und zwangen ihn am Ende, zu fliehen, um sein Leben zu retten.

Es gab nur einen einzigen Mann unter denen, die gemeinsam mit Zakaria ﷺ und Maryam ﷺ dem Tempel gedient hatten, der das Wunder von ´Isa ﷺ, der Friede sei auf ihm, weiterhin bezeugte. Er glaubte an Allah und sein Name war Yusuf ﷺ, Allahs Wohlgefallen sei auf ihm. Er heiratete später Maryam ﷺ, um sie und ihr gesegnetes Kind zu beschützen.

Der König von Jerusalem hatte auch von der wundersamen Geburt ´Isas gehört und bekam Angst, dass ´Isa ﷺ ihn eines Tages von seinem Thron stürzen könnte. Er beschloss darum, alle neugeborenen Jungen töten zu lassen. Maryam ﷺ und Yusuf ﷺ flohen deshalb mit dem Baby nach Ägypten und lebten dort zwölf Jahre lang in Sicherheit. Allahs Wohlgefallen sei auf ihnen.

Nach diesen zwölf Jahren kehrten sie nach Jerusalem zurück. ´Isa ﷺ, der Friede sei auf ihm, studierte im Tempel und lehrte und gab weiter, was er an Wissen gelernt hatte. Er fügte das Wissen des Injiil, der Evangelien, hinzu, welches das Buch war, das Allah ´Isa ﷺ schon ins Herz gelegt hatte, bevor er überhaupt geboren war.

Yahya ﷺ, der Friede sei auf ihm, lernte gemeinsam mit ´Isa ﷺ und war der erste, der ´Isa ﷺ als Propheten anerkannte. Der Friede sei auf ihnen beiden. Doch während Yahya ﷺ immer traurig war und in ständiger Angst vor dem Höllenfeuer lebte, war ´Isa ﷺ stets fröhlich und voller Hoffnung auf das

Paradies.

Allah gab ´Isa ﷺ, der Friede sei auf ihm, die Fähigkeit, Wunder zu vollbringen. Als er noch sehr jung war, spielte er einmal mit seinen Freunden mit Erde und Ton. Sie formten daraus kleine Figuren und Skulpturen. ´Isas Spielkameraden wussten, dass ´Isa ﷺ besonders war und forderten ihn dazu auf, seine Figur lebendig werden zu lassen. ´Isa ﷺ, der Friede sei auf ihm, formte eine Art kleinen Vogel, blies auf ihn und mit der Erlaubnis Allahs wurde er lebendig und flog davon. Auf diese Weise entstand die Fledermaus, ein etwas ungewöhnliches Tier, das aussieht, als ob es von einem Kind gemacht ist.

´Isa ﷺ, der Friede sei auf ihm, heilte Blinde und Kranke und konnte sogar Tote wieder zum Leben erwecken. Doch den Priestern und Gelehrten gefiel zweierlei von dem, was er tat, nicht. Sie waren ungehalten darüber, dass er ein neues Buch mitbrachte, welches das bestehende Gesetz veränderte und es dem einfachen, normalen Gläubigen leichter machte, das göttliche Gesetz zu befolgen. Zum anderen missfielen den Priestern und Gelehrten ´Isas Prophezeiungen über das Erscheinen eines weiteren Propheten nach ihm mit Namen Ahmad (Muhammad ﷺ), Friede und Segen seien auf ihm. Sie wollten beides nicht akzeptieren und zwangen ´Isa ﷺ, den Tempel zu verlassen.

Nur zwölf Männer akzeptierten ´Isa ﷺ und seine Botschaft und widmeten ihr Leben dem Gottesdienst und der Unterstützung von ´Isa ﷺ. Sie werden die Hawariyun genannt. Hawariyun heißt soviel wie „diejenigen, die wieder weiß machen, was ins Schwarze verkehrt worden ist". Die zwölf Hawariyun begleiteten ´Isa ﷺ auf seinen Wegen und zogen mit ihm von Stadt zu Stadt.

In einer Stadt verlangten die Leute von ´Isa ﷺ, der Friede sei auf ihm, dass er ihnen eine himmlischen Tisch voller Speisen herabbringen solle. ´Isa ﷺ warnte die Leute und sagte, dass die Forderung nach einem Wunder Folgen hat: Diejenigen, die nach dem Erleben eines solchen Wunders noch immer nicht glauben, würden von Allah bestraft werden. Da diese Warnung die Leute aber nicht von ihrer Forderung abbrachte und sie weiterhin nach einem solchen Tisch verlangten, betete ʿIsa ﷺ, der Friede sei auf ihm, schließlich zu Allah und bat Ihn, diesen Tisch zu gewähren.

Allah beantwortete sein Gebet und schon bald sahen die Leute etwas vom Himmel herabkommen, das in Wolken gehüllt war. Als es näher gekommen war und auf der Erde aufgesetzt hatte, erkannten sie tatsächlich einen Tisch voll mit leckeren Speisen: Da waren gebratener Fisch, frische Brotlaibe, Salat, Butter, Honig, Oliven, Milch und kleine Tellerchen mit Salz. Die Menschen nahmen, eine Gruppe nach der anderen, an der Tafel Platz und aßen so lange, bis sich die ganze Menge des Volkes von diesem einen Tisch sattgegessen hatte. Als sie alle fertig waren, war aber immer noch Essen übrig. Drei Tage lang kamen die Leute und aßen von der Tafel, ohne dass die Speisen weniger wurden. Die Speisen schienen sich aber nicht nur auf wundersame Weise von selbst zu vermehren, sondern sie brachten den Menschen darüber hinaus noch viel Gutes: Alle, die von ihnen gegessen hatten, standen auf und waren gesünder als zuvor, hatten mehr Weisheit oder waren auf irgendeine andere Weise bereichert.

Nach drei Tagen kehrte der himmlische Tisch dann in den Himmel zurück und das Wunder war beendet. Viele der Menschen glaubten nach diesem Erlebnis. Diejenigen aber, die das Wunder noch immer nicht überzeugt hatte, wurden in Schweine und Affen verwandelt. Sie sprangen grunzend in die Berge und wurden nie wieder gesehen.

ʿIsa ﷺ, der Friede sei auf ihm, war von einer einprägsamen Gestalt. Er hatte lange Haare und eine rotweiße Haut. Er trug weder Gold noch Silber und war stets nur mit einer groben Wollkutte bekleidet. Er hatte keine Schuhe, sondern ging barfuss. Sein Charakter war besonders. Beim Essen war er bescheiden und nahm nur sehr wenig zu sich. Überhaupt zeigte er außer für das Lebensnotwendigste keinerlei Interesse an den Dingen dieser Welt. Sein Wesen war dabei immer freundlich und sanft und sein Umgang mit den Menschen von Liebe geprägt.

Nach einigen Jahren bekamen die verderbten Priester und Machthaber Angst, dass es zu einem Aufstand gegen sie kommen könnte. Sie beschlossen, die Quelle ihres Problems anzugehen: Sie wollten den Propheten ʿIsa ﷺ umbringen, der Friede sei auf ihm. Eines Tages überfielen sie den Platz, an dem ʿIsa ﷺ und seine Gefährten übernachteten und nahmen einen Mann gefangen, der ʿIsa ﷺ ähnlich sah. ʿIsa ﷺ selber stieg durch den Willen Allahs und in der Begleitung von Djibriil, der Friede sei auf ihm, sicher in den Himmel auf. Der andere Mann wurde sofort zum Tode verurteilt und getötet. Er hatte Jesus so ähnlich gesehen, daß alle, sogar ʿIsas Mutter Maryam ﷺ, Allahs Wohlgefallen sei auf ihr, glaubten, dass dieser Mann der Prophet ʿIsa ﷺ gewesen sei. So weinten und trauerten ʿIsas Anhänger um ihn. Nach acht Tagen erlaubte Allah ʿIsa ﷺ kurz auf die Erde zurückzukehren, um seinen Gefährten mitzuteilen, dass er nicht gestorben war und daß er bei Allah in Sicherheit war. ʿIsa ﷺ trug ihnen auf, zu reisen und den Menschen das Injiil zu predigen.

Am Ende der Zeit, so heißt die Prophezeiung, wird ʿIsa ﷺ, der Friede sei auf ihm, auf die Erde zurückkehren. Bei dem weißen Minarett der Omajadenmoschee in Damaskus wird er in Begleitung von Engeln herabkommen und die Kräfte des Guten gegen die Kräfte des Bösen anführen. ʿIsa ﷺ wird diesen Kampf gewinnen, den Antichrist töten und danach vierzig Jahre lang auf Erden herrschen. Überall werden die Menschen in Frieden und Glück leben. ʿIsa ﷺ wird sich schließlich in Medina niederlassen und nach seinem Tod neben dem Propheten Muhammad ﷺ begraben werden, Friede und Segen seien auf ihm.

Möge Allah `Isa ﷺ und seine Mutter Maryam ﷺ segnen und ihnen Frieden schenken.

Muhammad ﷺ, der Frieden und Segen seien auf ihm

„Gepriesen sei Der, Der seinen Diener des Nachts von der heiligen

Moschee zur fernsten Moschee führte, deren Umgebung wir gesegnet haben,

um ihm einige von Unseren Zeichen zu zeigen." ... (Sure 17, 1)

34

Und das Licht kehrt zu Muhammad ﷺ zurück

Im Jahre 570 nach Christus wurde in einer warmen Nacht in Arabien, in dem steinigen Tal von Mekka, ein Junge geboren. Es geschah in der Nähe der Stelle, an der Isma´ils kleine Ferse in den Sand gestoßen hatte und wo die Zam-Zam Quelle entsprungen war. Diese Stelle war nahe dem Hause Gottes, das Ibrahim ﷺ wieder aufgebaut hatte und nahe den Gräbern vieler Propheten, der Friede sei auf ihnen allen. Der Junge war das Kind zweier sehr reiner Nachfahren Ibrahims. Seine Mutter hieß Amina und sein Vater Abdullah, Allahs Wohlgefallen sei auf ihnen. Abdullah sah seinen Sohn nicht mehr. Er starb noch vor seiner Geburt und Amina war von da an alleine.

Amina erzählte später, es hätte, als sie das Kind gebar, ein so helles Licht geschienen, dass es sogar den Tagesanbruch überstrahlte. Und das Gesicht des Neugeborenen wäre dem strahlenden Vollmond gleich gewesen. Amina spürte, dass dieser Junge das Kind der Prophezeiung war, das der ganzen Welt versprochen worden war. Es war das Kind, für welches das Licht ursprünglich erschaffen worden war und zu dem es jetzt wieder zurückkehrte. Das Kind war Muhammad ﷺ, Friede und Segen seien auf ihm. Die ganze Schöpfung freute sich bei seiner Geburt. Die Steine der Kaaba bebten vor Aufregung und der süße Duft des Paradiese lag in der Luft über den engen Gassen von Mekka.

Muhammad ﷺ, der Friede und Segen seien auf ihm, war derjenige, der in der spirituellen Welt als erstes erschaffen worden war. In der Welt erschien er als der letzte der Propheten. In ihm wurde der menschliche Charakter vollendet. Er war der vollkommene Mensch, der Insan Kamil. Aus seinem ersterschaffenen Licht schuf Allah, der Allmächtige, den Rest der Welt. Dann ließ Allah Muhammad ﷺ selber das Licht und die Barmherzigkeit für diese Welt sein, Friede und Segen seien auf ihm. Während seines ganzen Lebens betete Muhammad ﷺ um Vergebung und Wohlergehen für seine Gemeinschaft und für die gesamte Schöpfung. Und seine Gebete dauern über seinen Tod hinaus bis heute an. Der Frieden und Segen seien auf ihm.

Allah der Allmächtige gab diesem liebenswerten Kind kein einfaches Leben, Friede und Segen seien auf ihm. Sein Vater starb schon vor seiner Geburt und seine Mutter starb, als Muhammad ﷺ erst sechs Jahre alt war. Muhammad ﷺ lebte danach mit seinem Großvater, Adul Mutallib, Allahs Wohlgefallen sei auf ihm. Aber auch Abdul Mutallib starb ein paar Jahre darauf und so war Muhammad ﷺ mit acht Jahren ein dreifaches Waisenkind, Friede und Segen seien auf ihm. Sein Onkel Abu Talib, der Bruder seines Vaters, nahm ihn in seine Familie auf, Allahs Wohlgefallen sei auf ihm, wo Muhammad ﷺ geliebt und mit großer Fürsorge aufgezogen wurde. Doch er war der arme Sohn in dieser reichen Familie und mußte sich seinen Platz in einer Welt suchen, die wenig Barmherzigkeit für die Schwachen oder Hilfsbedürftigen hatte.

Abu Talib nahm seinen Neffen schon früh auf Handelsreisen mit. Einmal reiste die Karawane mit vielen Handelswaren beladen, nach Damaskus. Nach einigen Tagen kamen sie an der Höhle des christlichen Mönches Bahira vorbei, Allahs Wohlgefallen sei auf ihm. Bahira war ein sehr weiser Mann, der die heiligen Bücher und die Vorhersagen über das Erscheinen eines letzten

Propheten kannte. Als Bahira die Karawane durch die Wüste ziehen sah, beobachtete er, dass eine Wolke der Barmherzigkeit der Karawane folgte. Und als die Händler bei ihm Rast machten, sah er das Licht auf dem Gesichte Muhammads. Als Bahira außerdem auf seiner Schulter das Prophetenmal entdeckte, wusste er, dass dieser Junge der angekündigte Prophet Ahmad war, der Friede sei auf ihm.

Die meisten Menschen in Mekka waren nicht so gelehrt und mit einem so klaren Blick gesegnet wie Bahira, aber sie bemerkten, dass dieser Waisenjunge etwas Besonderes war. Sie schätzten ihn und vertrauten ihm ihr Hab und Gut und sogar ihr Leben an. Weil die Leute sich auf ihn verlassen konnten und vertrauenswürdig war, bekam er den Beinamen Al Amin, der Vertrauenswürdige. Welche besondere Rolle Muhammad ﷺ aber einmal einnehmen würde, war ihnen nicht bewusst.

Als eines Tages die Kaaba wieder neu aufgebaut werden sollte, wendeten sich die Leute von Mekka an Muhammad ﷺ Al Amin, um ihre Meinungsverschiedenheiten zu schlichten. Denn sie hatten zwar gemeinsam und in Frieden die Mauern der Kaaba errichtet, waren dann aber in Streit geraten darüber, wem die Ehre zustand, den schwarzen Stein an seinen Platz in der Ecke der Kaaba wieder einsetzen zu dürfen. Muhammad ﷺ, Friede und Segen seien auf ihm, fand eine für alle annehmbare Lösung: Er nahm sein Hemd und hieß die Mekkaner den schwarzen Stein darauflegen. Dann ließ er sie alle das Hemd gemeinsam hochheben und er selber setzte den Stein an seinen Platz. Friede und Segen seien auf ihm.

Die schöne Witwe Khadija, Allahs Wohlgefallen sei auf ihr, war auf Muhammad ﷺ aufmerksam geworden, Friede und Segen seien auf ihm. Sie schätzte seinen Charakter und seine Fähigkeiten als Händler und bot ihm die Heirat an. Muhammad ﷺ willigte ein und sie heirateten. Khadija schenkte

Muhammad ﷺ sechs Kinder: zwei Jungen, die schon sehr früh starben und vier Mädchen: Zainab, Umm Kulthum, Ruqqaya und Fatima, Allahs Wohlgefallen sei auf ihnen allen.

Muhammad ﷺ, Friede und Segen seien auf ihm, war für einen Waisen sehr erfolgreich geworden und es ging ihm gut. Er war ein liebevoller Vater und Ehemann und ein erfolgreicher Händler. Auch war er ein angesehener Mann unter den führenden Mekkanern und hatte an den Entscheidungen ihres Rates teil.

In seinem Herzen blieb Muhammad ﷺ immer Allah verbunden. Schon früh hatte er zahlreiche spirituelle Visionen, zeigte das aber nicht und gab sich nach außen wie die anderen. Aber nicht alle Geschöpfe Allahs waren so blind wie die Leute in Mekka. Die Sterne, der Wind, die Tiere, die Bäume und sogar die Steine grüßten ihn stets mit dem Friedensgruß, wo immer er auch hinkam.

Nach einigen Jahren hatte Muhammad ﷺ, Friede und Segen seien auf ihm, immer mehr das Bedürfnis, sich zurückzuziehen und Allahs in der Einsamkeit zu gedenken. Denn die Kaaba war angefüllt mit Götzenfiguren aus Holz oder Ton und die Mekkaner hatten Allah, den einen Gott, den Herrn von Ibrahim ﷺ, der Friede sei auf ihm, völlig vergessen. Sie beteten alles Mögliche an. Am Ende hatten sie dreihundertfünfundsechzig Götzen in der Kaaba aufgestellt, für jeden Tag einen anderen Gott. Muhammad ﷺ, Friede und Segen seien auf ihm, verabscheute die Götzen. Immer mehr Zeit verbrachte er in einer Höhle in den steinigen Hügeln außerhalb von Mekka. Von da aus konnte er das ganze Tal überblicken und die Kaaba sehen, ohne von dem Anblick der Götzen gestört zu werden. Hier, allein und in der Stille, fastete er und betete zu dem einen Gott, zu Allah dem Erhabenen.

Es war in Muhmmads 40. Lebensjahr, Friede und Segen seien

auf ihm, als ihm an diesem Ort eines Nachts die riesengroße und strahlende Gestalt des Erzengels Djibriil, der Friede sei auf ihm, erschien. Der Engel erschien vor dem Eingang der Höhle und füllte den ganzen Horizont aus. Er grüßte Muhammad ﷺ mit dem Friedensgruß und sagte ihm, dass Allah ihn dazu erschaffen habe, Sein Prophet zu sein. Es heißt, dass Muhammad ﷺ, Friede und Segen seien auf ihm, so überwältig war, dass er beinahe die Felsen hinuntergestürzt wäre, wenn Djibriil ihn nicht mit seinen Flügeln aufgefangen hätte. Dann drückte Djibriil Muhammad ﷺ so fest, so dass er fast keine Luft mehr bekam und befahl ihm: „Lies!" Muhammad ﷺ entgegnete: „Ich kann nicht lesen!" Denn er hatte nie Lesen und Schreiben gelernt. Doch Djibriil wollte ja nicht, dass Muhammad ﷺ aus irgendeinem Buch vorliest, Friede und Segen seien auf ihm, sondern er sollte das rezitieren, was Djibriil ihm, dem Propheten Allahs, ins Herz legte. Der Engel rezitierte einige Verse aus dem Quran, dem letzten und endgültigen Buch Allahs, und Muhammad ﷺ, Friede und Segen seien auf ihm, sprach sie ihm nach, Wort für Wort und Vers um Vers, Licht über Licht. Später überbrachte Djibriil Muhammad ﷺ auf diese Weise noch viele, viele Male Teile des Qurans, damit der Prophet sie Stück für Stück an die Menschen weitergeben konnte. Die Überlieferung des heiligen Quran kam also nach und nach zu den Menschen, über einen Zeitraum von insgesamt dreiundzwanzig Jahren.

Anfangs erzählte Muhammad ﷺ, Frieden und Segen seien auf ihm, nur seiner Familie, was ihm wiederfahren war und mit welchem Auftrag Allah ihn betraut hatte. Erst nach einiger Zeit teilte er die Offenbarungen dann auch seinen Freunden mit, die sie wiederum anderen erzählten. Und bald gab es eine Gruppe von Gläubigen, die sich an dem Lichte Muhammads wärmten und ihm folgten. Die Leute machten sich über die Gläubigen lustig, doch sie ließen sie gewähren und spotteten bloß.

Aber eines Tages änderte sich dies, denn Allah befahl Seinem Propheten Muhammad ﷺ, Friede und Segen seien auf ihm, seine ganze Familie und seinen ganzen Stamm zum Islam, dem Glauben an den einen Gott Allah, den Schöpfer, einzuladen. Doch die meisten derjenigen, die Muhammad ﷺ vorher scheinbar geliebt und respektiert hatten, diejenigen, die ihm vorher geglaubt und in all ihren Angelegenheiten vertraut hatten, wandten sich nun von ihm ab. Sie lachten ihn aus und lehnten seine Einladung mit Hohn und Spott ab. Selbst als Muhammad ﷺ mit der Erlaubnis Allahs Wunder vollbrachte und beispielsweise vor den Augen der Menschen den Vollmond in zwei Hälften spaltete, lehnten sie es ab, zu glauben. Sie begannen, ihn dafür zu hassen, dass er die bestehenden Zustände ändern wollte und dafür, dass Allah ihn ihnen gegenüber vorgezogen hatte.

Von nun an wurde es für den Propheten Allahs und die Gläubigen sehr schwierig in Mekka. Die schutzlosen Sklaven und Armen unter ihnen wurden erbarmungslos gequält und umgebracht, die anderen Muslime wurden von dem Gesellschaftsleben ausgeschlossen. Keiner sprach mehr mit ihnen, keiner kaufte mehr von ihnen oder verkaufte ihnen noch etwas. Niemand gab sich mehr mit ihnen auf irgendeine Weise ab. Dann starb auch noch Khadija, Allahs Wohlgefallen sei auf ihr, was für Muhammad ﷺ ein großer und schmerzhafter Verlust war, Friede und Segen seien auf ihm. Die Mekkaner trauten sich aber nicht, Muhammad ﷺ einfach umzubringen, denn er stand unter dem Schutz seines respektierten Onkels Abu Talib, Allahs Wohlgefallen sei auf ihm. Als Abu Talib aber verstarb, war das Leben des Propheten ernsthaft in Gefahr, Friede und Segen seien auf ihm.

An diesem Tiefpunkt seines Lebens, ohne nahe Verwandte an seiner Seite und ohne jeden Schutz, erhob Allah Seinen Propheten Muhammad ﷺ in einer Nacht in Seine Nähe, Friede und Segen seien auf ihm: Er schickte

Muhammad ﷺ, der Friede und Segen seien auf ihm

„Und Wir entsandten dich fürwahr als eine Barmherzigkeit

für die Welten." (Sure 21, 107)

ihm Djibriil, der Friede sei auf ihm, in Begleitung des wunderschönen Himmelspferdes Buraq. Dieses Pferd war mit Juwelen bedeckt und hatte den Körper eines Pferdes und den Kopf einer Frau. Der Prophet bestieg den sanften Buraq und flog auf ihm nach Jerusalem. Dort waren alle anderen Propheten, die vor ihm da gewesen waren, versammelt und warteten auf ihn. Sie erboten ihm den Friedensgruß und Muhammad ﷺ, Friede und Segen seien auf ihm, nahm den Platz des Imams, des Vorbeters, ein. Er leitete die Propheten im Gebet und sie beteten hinter ihm.

Während dieser nächtlichen Himmelsreise, der Miraj, reiste Muhammad ﷺ, Friede und Segen seien auf ihm, durch die sieben Himmel und sah all ihre Wunder, ihre Engel und ihre anderen Bewohner. Es wurden ihm auch die sieben Höllen und die Strafen darinnen gezeigt. Dann erhob Allah Muhammad ﷺ zu einem Rang, der ihm allein vorbehalten ist. Allah ehrte Muhammad ﷺ, Friede und Segen seien auf ihm, indem er ihn sehr, sehr nahe in Seine Gegenwart holte, näher als jedes andere Geschöpf je gekommen war, näher selbst als die Engel. Muhammad ﷺ, Friede und Segen seien auf ihm, näherte sich Allah dem Erhabenen in Seiner göttlichen Gegenwart bis auf zwei Bogenlängen. Und dort sprach er direkt zu seinem Herrn. Allah trug ihm die fünf Gebete und die Tageszeiten dafür auf. Dann kehrte Muhammad ﷺ zu seinem Nachtlager in Mekka zurück, das immer noch warm war. Als er zurückkam, war keinerlei Traurigkeit mehr in ihm. Er hatte die Reise zu Allah vollendet und war in einem gesegneten Zustand wieder zurückgekommen. Muhammads Geschichte, Friede und Segen seien auf ihm, ist der Lebensgeschichte anderer Propheten ähnlich. Wie sie wurde auch er von seinem eigenen Volk abgelehnt und bedroht und ward gezwungen, zu flüchten und Schutz an einem anderen Ort zu suchen. Die kleine Oase von Yathrib bot Muhammad ﷺ Zuflucht und so verließen die Gläubigen Mekka im Jahre 622 nach Christus.

Muhammads Lebensgeschichte ist aber im Gegensatz zu der der übrigen Propheten historisch genau belegt. Er war der einzige Prophet, der in eine Zeit geschickt wurde, in der alles Geschichtliche schriftlich festgehalten und aufgezeichnet wurde. So kam es, daß der Quran bereits kurz nach seiner Offenbarung auf Steine oder Leder aufgeschrieben wurde. Und dasselbe geschah mit den Worten und Handlungen des Propheten. Darum kennen wir nicht nur die Eckdaten des Lebens Muhammads, sondern sogar jedes kleinste Detail. Wir wissen, welche Farben er geliebt hat, welches Essen er bevorzugte, die Art und Weise, wie er saß, aß und schlief, was er sagte und wie er sagte. Muhammad ﷺ hinterließ uns nicht nur das Buch, den Quran, als Führung, sondern auch das Beispiel seines ganzen Lebens: jede seiner Gesten, jedes Lächeln, jede Bewegung und jedes Wort.

Und so wissen wir auch, wie seine äußere Gestalt war. Muhammad ﷺ, Friede und Segen seien auf ihm, war weder groß noch klein, weder dick noch dünn. Er war von mittlerer Größe und kräftig gebaut. Er hatte dunkle, gewellte Haare, die weder ganz glatt noch krause waren. Sein Bart war dunkel und enthielt fast kein graues Haar. Seine Haut war hell, seine Augen waren dunkel und leuchtend und von langen Wimpern umgeben. Seine Zähne waren gerade und weiß. Sein Gesicht war eher rund. Sein Lächeln erleuchtete die Welt und seine Mißbilligung verdunkelte sie. Wenn er jemanden anschaute, dann sah er die Wirklichkeit in ihm. Ein jeder, der seine Wirklichkeit erkannte, liebte ihn, denn, so heißt es, er hatte dabei Allah Selber gesehen.

Muhammad ﷺ, der Friede sei auf ihm, war bescheiden und geduldig. Er wendete sich nie von irgend jemandem ab und hatte Mitleid mit jedem. Einmal riß er ein Stück seines Mantels ab, um eine kranke Katze, die auf seinem Mantel schlief, nicht durch eine Bewegung aufzuwecken. Er zeigte sich für jedes noch so kleine Geschenk dankbar. Im Umgang mit den Menschen war er stets freundlich und sanftmütig. Wenn er alleine war, weinte er und bat Allah um Verzeihung. Er melkte seine eigenen Ziegen, wusch und flickte seine Kleider und diente seiner Familie. Zu keiner Zeit besaß er ein Bett, sondern schlief auf dem Boden, auf einem Lager aus Palmwedeln. Seine Kleidung war aus Baumwolle. Der Stoff seines Turbans war sieben Meter lang. Grün war seine Lieblingsfarbe und er liebte den Duft von gutem Parfüm.

Muhammad ﷺ, der Friede sei auf ihm, war nach Yathrib ausgewandert, um das Leben der Muslime und ihren Glauben zu retten. Yathrib wurde später die Stadt des Propheten, Madinat-an-Nabi, genannt, oder kurz einfach Medina. Männer und Frauen kamen von überall her, um den Islam zu lernen und um Muhammad ﷺ zu unterstützen. In seiner Gemeinschaft waren alle Arten von Menschen vereint. Es waren Männer und Frauen, Junge und Alte, Menschen mit den verschiedensten Hautfarben und von unterschiedlichster Herkunft. Es gab Perser, Griechen, Afrikaner und Araber. Manche kamen aus reichen Familien, andere besaßen nichts außer dem Gewand, das sie trugen.

Zum ersten Mal seit Anbeginn der Zeit wurde ein Prophet für alle Menschen gesandt. Sein Buch, der Quran, wurde nicht nur einer kleinen Gemeinschaft geschickt, sondern allen Nachfahren von Adam ﷺ, Noah und Abraham, der Friede sei auf ihnen allen. Muhammad ﷺ, der Friede sei auf ihm, war der Prophet der ganzen Welt. Menschen, die vor dem Islam nicht einmal miteinander gesprochen hatten, lebten nun als Brüder und Schwestern in einer Gemeinschaft zusammen. Eine Liebe vereinte ihre Herzen zu einem Herz: die Liebe zum Propheten Muhammad ﷺ, Friede und Segen seien auf ihm, und zu Allah, dem einen Gott, der sie alle erschaffen hatte.

Muhammad ﷺ, der Friede sei auf ihm, war der Prophet, Anführer und Herrscher der Muslime. Wenn die Stämme aus Mekka Krieg gegen Medina führten, wurde der Prophet zum Heerführer. Wenn die Ungläubigen die

Schlacht verloren hatten und einen Vertrag mit Muhammad ﷺ, Friede und Segen seien auf ihm, abschließen wollten, wurde er zum Staatsmann.

Als Allah den Muslimen schließlich den endgültigen Sieg über die Ungläubigen schenkte, hatte Muhammad ﷺ, Friede und Segen seien auf ihm, die Genugtuung, zu sehen, wie Männer, die seine Gefährten mehr als zwanzig Jahre lang gequält und umgebracht hatten, den Glauben des Islam annahmen. Er vergab ihnen und sie wurden Teil seiner Gemeinschaft.

Muhammad ﷺ war alles in einem: Ehemann, Vater, Händler, Staatsmann, Heeresführer, Herrscher und Prophet. Friede und Segen seien auf ihm.

Als der Prophet Muhammad ﷺ im Jahre 632 n.C. im Alter von dreiundsechzig Jahren starb, hinterließ er den Quran und das Beispiel seines eigenen Lebens, die Sunnah, zur Führung und Rechtleitung. Sie war aber nicht nur für seine Familie oder die Araber bestimmt, sondern für die ganze Menschheit. Die Muslime verteilten sich also in der Welt und brachten die Religion Allahs und die Liebe zu Seinem Propheten in alle Gegenden der Erde.

Und auch wenn die Geschichte des Lichtes der Propheten mit Muhammad ﷺ, Friede und Segen seien auf ihm, hier endet, ist damit sein Licht nicht etwa verschwunden. Es scheint noch immer in seinen Nachfahren und seinen Freunden, den Heiligen, die auch die Freunde Allahs sind. Sie tragen das Licht wie eine Leuchte, damit die anderen Menschen das Licht auch weiterhin finden und ihm bis an das Ende aller Tage folgen können.

Möge Allah Muhammad ﷺ segnen und ihm Frieden schenken und möge Er uns helfen, diesem Lichte, wo immer wir es auch finden, zu folgen und es auch selber weiterzugeben. Amen.

Lightning Source UK Ltd.
Milton Keynes UK
UKHW050302011220
374383UK00006B/462